Stefan Kiechle SJ

Größer als unser Herz

Stefan Kiechle SJ

Größer als unser Herz

Biblische Meditationen – Exerzitien im Alltag

HERDER

FREIBURG · BASEL · WIEN

Umschlaggestaltung: Finken & Bumiller
Herstellung: fgb · freiburger graphische betriebe
www.fgb.de

Gedruckt auf umweltfreundlichem, chlorfrei gebleichtem Papier
Printed in Germany

ISBN 3-451-28196-1

Inhalt

Einleitung: Die Bibel meditieren

Seit uralten Zeiten lesen Menschen, die Gott suchen, in heiligen Schriften. Deren Bilder und Weisungen helfen ihnen, einen persönlichen Weg zu Gott zu finden. Im Judentum und im Christentum gab es immer diese Tradition der spirituellen Lektüre der Bibel. Ganz direkt kann man, sofern man ehrlich und ernsthaft Gott begegnen will, in den Erzählungen, Bildern und Weisheitslehren der Bibel sein Leben wiederfinden. In biblischen Texten spricht – so glauben Christen – Gott ins menschliche Leben hinein; er rührt tiefe Schichten der Seele an. Biblische Geschichten und Symbole – sie sind begrifflich-rational nie ganz einzuholen – *bewegen* dabei die innerste Empfindung des Menschen; sie werden ihn heilen und trösten, prägen und verändern, herausfordern und begeistern, hinterfragen und aufwühlen, bedrängen und vorantreiben, aussöhnen und befreien ... Indem biblische Geschichten etwas im Menschen bewirken, wirkt in ihm Gott.

Eine solches *meditatives Betrachten* der Schrift ist selbstverständlich subjektiv, persönlich und individuell. Es spricht in hohem Maß die Affekte an, nicht nur das Denken. Seine Wirkungen auf den Menschen überraschen oft, und sie sind nicht immer zu planen oder zu kontrollieren. Die Betrachtung ist unbefangen, gewissermaßen naiv. Hat sie deswegen kein Recht? In den letzten Jahrzehnten hat die wissenschaftliche Schriftauslegung einen großen Aufschwung genommen und bedeutende Erkenntnisse erbracht. Leider ist sie vielfach zur einzig praktizierten Weise geworden, die Bibel zu deuten. Das persönliche Betrachten der Schrift hat jedoch eine lange Tradition in der Christenheit und seinen eigenen Wert. Dieser muss nicht argumentativ verteidigt werden, sondern erweist sich im Vollzug und durch dessen – geistliche – *Frucht*. Im Betrachten wird dem Leser, der Leserin Christus gegenwärtig – ein

Anliegen der Heiligen Schrift selbst. Theologisch-reflektierendes Bedenken und persönlich-betrachtendes Aneignen der Schrift, also eine objektivierende und eine bekennend subjektive Methode sollen sich ergänzen und befruchten, wobei sie verschiedene Ziele haben und in der Praxis unterschieden werden müssen.

Ein kurzer Blick in die Geschichte christlicher Spiritualität zeigt uns: Im späten Mittelalter kamen in der westeuropäischen Christenheit die »Leben-Jesu-Betrachtungen« auf. Einzelne Szenen aus den Evangelien wurden auf den persönlichen Glaubensvollzug hin gedeutet und intensiv meditiert. Durch Identifikation mit Personen und Worten entdeckte man neue Aspekte des eigenen Lebens und Glaubens. Wenn Betende regelmäßig die Schrift betrachteten, wurden sie schrittweise geistlich geprägt und verwandelt. Lange Zeit legte man den Schwerpunkt solcher »geistlichen Übungen« auf die Passion: Im Leiden Jesu erkannte man sein eigenes Leiden wieder – der Herbst des Mittelalters kannte unendliches Leid, bewirkt durch Seuchen und Hungersnöte, Kriege und soziale Umwälzungen. Das Leiden Jesu lehrte die Menschen Geduld und tröstete sie im eigenen Leiden. Der Kartäuser Ludolf von Sachsen schrieb im 14. Jahrhundert ein berühmtes Erbauungsbuch, das er *Vita Christi* (»Leben Christi«) nannte. Es erzählte in breiter, teilweise romanhafter Ausmalung die Evangelien nach. Die Schilderungen sollten den Leser vor allem affektiv treffen und zum persönlichen Glaubensvollzug anregen. Das Buch wurde in viele Sprachen übersetzt, erlebte Hunderte von Auflagen und war das meist gelesene spirituelle Buch jener Zeit.

Ignatius von Loyola (1491 bis 1556), der Gründer des Jesuitenordens, las aus Langeweile die *Vita Christi*, als er nach einer Kriegsverletzung monatelang auf dem Krankenbett lag. Diese Lektüre löste in ihm eine geistliche Verwandlung aus. Später machte er die Betrachtung biblischer Texte zur zentralen Methode seiner spirituellen Pädagogik, d.h. seiner Weise, Menschen ins Gebetsleben einzuführen. Im Buch der *Ejercicios espirituales* (»Geistliche Übungen«, auch einfach »Exerzitien« genannt) schrieb er diese Pädagogik auf. Sie sollte die abendländische katholische Kirche bis in die Gegenwart prägen. Das Buch ist wegen seiner mittelalterlichen Sprache und Bildwelt schwer lesbar, enthält jedoch die

Grundzüge dessen, was man heute »ignatianische Schriftbetrachtung« nennt. Über Jahrhunderte war die Methode, auch wenn sie öffentlich kaum mehr als solche bekannt war, in der spirituellen Schulung der Jesuiten präsent. In veränderter und erweiterter Form hat sie die gesamte katholische Katechese der Neuzeit geprägt. Heute entdeckt man sie in weiten Kreisen wieder und pflegt sie neu.

Wer Gott sucht, findet ihn vor allem im Gebet. Ignatianische Schriftbetrachtung will zum Gebet hinführen, sie ist eine Schule des Betens. Im Gebet begegnen Betende ihrem Gott, persönlich, direkt, lebendig. Dabei wird der Alltag mit seinen Erfahrungen – also das *wirkliche Leben* – nicht ausgeblendet, sondern ausdrücklich mit einbezogen: unverstellt, wahrhaftig, nüchtern. Die ignatianische Gebetsweise thematisiert das Leben des Beters und der Beterin, auch alles Leid- und Schmerzvolle, das dem als gut verehrten Gott entgegen zu stehen scheint. Das Gebet wird so zum Lob und zum Dank, aber auch zur Bitte, zur Frage und zur Klage. Es wird konkret und lebendig, innerlich und leidenschaftlich, ein lebendiger Dialog mit einem lebendigen Du. Der Gott, den man darin sucht und findet, ist ein Gott des Lebens.

Geschichten der Bibel betrachten

Im Folgenden soll kurz die »Methode« der ignatianischen Schriftbetrachtung in einer Weise vorgestellt werden, wie sie dem heute Gott suchenden Menschen hilft. Wie bei allen Methoden geht es darum, eine Struktur zu bieten, die in mehreren Schritten zu einem konkreten Vollzug anleitet. Dem Anfänger wird es gut tun, die Methode recht genau anzuwenden; wer schon Erfahrung hat, soll freier mit ihr umgehen, sie persönlich anpassen, einen eigenen Stil finden, sie vielleicht ganz verlassen und eigene Wege suchen. Die Methode hat also praktischen Wert; sie ist Hilfsmittel, nie Ziel der Übung.

Schriftbetrachtung in fünf Schritten und einem Rückblick

1. In die Betrachtungsstunde hineingehen

Ich wähle eine Zeit und einen Ort, schaffe äußere Ruhe.
Ich nehme einen Sitz ein, in dem ich eine Stunde verweilen kann.
Ich werde ruhig, konzentriere mich auf den Leib, höre auf den Atem.
Gedanken und Gefühle, die mich besetzen, lasse ich kommen und lege sie beiseite.
Ich bitte Gott um Hilfe, dass alle Gedanken und Absichten nun auf ihn ausgerichtet seien.
Ich bitte Gott, dass ich höre, was er mir durch die Schriftstelle mitteilen will.

2. Die Betrachtung vorbereiten

Ich lese den vorher ausgewählten Schrifttext langsam durch.
Ich bitte um das, was ich in dieser Betrachtung suche: eine konkrete Erkenntnis, Erfahrung, usw. ...

3. Den Schauplatz herrichten

Ich male mir die biblische Szene vor dem inneren Auge lebendig aus.
Meine Phantasie sieht, hört, schmeckt, ertastet, riecht, was sich in der Szene tut.
Ich fühle mich in die Situation der Personen ein und empfinde sie nach.

4. Sich identifizieren

Ich identifiziere mich mit Personen der Geschichte.
Ich entdecke in ihnen Gefühle, Gedanken, Verhaltensweisen, Freuden, Fragen meines Lebens wieder.
Ich verweile, wo ich angesprochen, berührt, betroffen, herausgefordert bin.
Ich entdecke Unbekanntes an mir, verstehe Linien meines Lebens, schaue in meine Zukunft.

5. Beten
Was mich berührt oder beschäftigt, erzähle ich mit einfachen Worten Gott.
Ich wende mich an Jesus oder an den Vater, auch an den Heiligen Geist oder an Maria.
Ganz ehrlich drücke ich alles aus, was sich in mir regt.
Ich danke oder lobe, frage oder zweifle, bitte oder klage ...

Rückblick
Nach der Betrachtung nehme ich mir noch etwas Zeit zurückzublicken.
Was habe ich anfangs erbeten? Wurden meine Erwartungen erfüllt?
Was habe ich erkannt in der Betrachtung, was wurde mir geschenkt?
Was war trocken, unruhig, zerstreut? Wo war ich nicht aufmerksam?
Ich bitte um die Entschlossenheit, die erkannten nächsten Schritte zu tun.
Ich danke für die Betrachtung; ich bitte, wenn ich dabei nachlässig war, um Verzeihung; ich bete für die nächste Betrachtung und für alle meine Wege.

Für die volle Form einer solchen Betrachtung soll man sich eine Stunde Zeit nehmen. Das mag zunächst lange erscheinen. Bei starken inneren Bewegungen vergeht die Zeit jedoch schnell. Mit etwas Übung kann im Alltag auch in kürzerer Zeit eine gute und intensive Betrachtung gelingen. Der Schwerpunkt sollte auf dem vierten und fünften Schritt liegen; das Gebet ist Ziel und Höhepunkt des Weges. Ignatius empfiehlt, denselben Schrifttext mehrmals betrachten. Dann werden bei der Wiederholung die ersten Schritte kürzer ausfallen und das Gewicht noch mehr auf den beiden letzten Schritte, vor allem auf dem persönlichen Sprechen mit Gott liegen. Beide Schritte fließen ineinander und werden eins. Wer bestimmte Bibeltexte über Jahre hinweg immer weiter verinnerlicht, kann mit ihnen vielleicht sogar jederzeit und unmittelbar in tiefes Beten eintreten.

Wer Gott sucht, wird im Gebet bisweilen scheitern. Er müht sich zwar redlich, erfährt jedoch nur Trockenheit, Langeweile, Zerstreuung, innere Leere. Keine »Methode« hilft weiter. Er sucht nach Gründen, kommt ins Grübeln und bleibt darüber vollends stecken. Vielfältige Gedanken und Phantasien lenken ihn ab, konzentrieren kann er sich immer weniger. Er fragt sich verzweifelt nach dem Sinn des Betrachtens und möchte die Stunde frustriert abbrechen. Solche Erfahrungen sind normal. Sie kommen auf jedem geistlichen Weg vor, mal nur als kurzes Zwischentief, mal als längere Dürreperiode. Selbst große Heilige haben mit solchen Schwierigkeiten gekämpft, oft jahrelang, manche bis zu ihrem Tod. Man soll in ihnen ausharren, sie ertragen, auch gegen die spontane Neigung, gegen innere Widerstände. Dürrezeiten haben im Inneren eine heilende Wirkung, auch wenn man diese nicht unmittelbar spürt und ihren Sinn nicht gleich versteht. Auch wenn Gott abwesend zu sein scheint, führt er den Beter, die Beterin durch die dunkle Nacht. Getroffene Entscheidungen, etwa über den Stil des Betens oder über den eingeschlagenen Lebensweg, soll man in solchen Phasen nicht ändern, denn in der geistlichen Trostlosigkeit hört man die Stimme Gottes nicht gut und läuft leicht in die falsche Richtung. Wer in Treue und Geduld seine dunklen Wege weitergeht, kann darauf vertrauen, wieder in lichtvollere Zeiten geführt zu werden.

Beten mit Psalmen

Die klassische ignatianische Betrachtungsweise ist vor allem für biblische Erzählungen oder Gleichnisse vorgesehen. Wer mit Psalmen oder ähnlichen Texten – Prophetentexten, Paulusbriefen, Weisheitsschriften, anderen Gebetstexten – beten möchte, kann die Methode entsprechend anpassen. Solche Texte gibt es in verschiedenen literarischen Formen. Sie enthalten oft eine Fülle von Bildern; diese kann man kurz erwägen und dann bei einem oder bei wenigen verweilen. Wichtig sind Bilder, die die Gefühle ansprechen und Phantasien und innere Regungen hervorrufen. Diese lassen sich eine Zeit lang vertiefen und verkosten. Eine Übertragung auf das eigene Leben gelingt meist leicht und führt ins persönliche Beten. Die oben gezeigten Schritte wandelt man etwa auf folgende Weise ab:

Psalmbetrachtung in vier Schritten und einem Rückblick:

1. In die Betrachtungsstunde hineingehen

Ich wähle eine Zeit und einen Ort, schaffe äußere Ruhe.
Ich nehmen einen Sitz ein, in dem ich eine Stunde verweilen kann.
Ich werde ruhig, konzentriere mich auf den Leib, höre auf den Atem.
Gedanken und Gefühle, die mich besetzen, lasse ich kommen und lege sie beiseite.
Ich bitte Gott um Hilfe, dass alle Gedanken und Absichten nun auf ihn ausgerichtet seien.
Ich bitte Gott zu hören, was er mir mitteilen will. Ich bitte um die Gnade des Gebets.

2. In die Psalmbetrachtung eintreten

Ich lese den Psalm langsam ganz durch.
Ich bitte um das, was ich in dieser Betrachtung suche: beten zu können in meiner jetzigen Situation, etwas über Gott oder über mich zu erfahren.
Ich gehe den Text noch einmal durch und verweile kurz bei den Bildern oder Aussagen, die mich ansprechen.
Ich wähle einen einzelnen Vers oder wenige Bilder aus, die mich jetzt besonders anregen oder betroffen machen, die mich herausfordern oder die mein Inneres gut zur Sprache bringen.

3. Den Psalm betrachten

Bei dem ausgewählten Vers oder Bild verweile ich für längere Zeit.
Ich lasse alles an Assoziationen, Gefühlen und Gedanken kommen.
Ich entdecke Aspekte meines Lebens, empfinde Erlebnisse nach, erspüre tiefe Gefühle.
Ich lasse Ereignisse aus der Vergangenheit kommen, Situationen der Gegenwart, Phantasien der Zukunft.
Einsichten über Gott oder mein Leben beschäftigen mich.

4. Mit dem Psalm beten

Alle Gefühle, Gedanken, Phantasien trage ich mit einfachen Worten vor Gott.

Der Psalm gibt mir Formulierungen, mit denen ich mein Leben gut vor Gott ausdrücken kann.

Ich rezitiere diese Psalmworte mehrmals, finde eigene Worte für das, was ich lese, ergänze und erweitere den Psalm.

Ich kann ein einzelnes Psalmwort im Rhythmus meines Atems über lange Zeit wiederholen.

Ich wende mich an den Vater, an Jesus oder an den Heiligen Geist.

Vielleicht schreibe ich den Psalm mit eigenen Worten neu.

Ich bete ganz ehrlich, ich lobe oder danke, frage oder zweifle, bitte oder klage ...

Rückblick

Nach der Betrachtung des Psalms nehme ich mir noch etwas Zeit zurückzublicken.

Was habe ich anfangs erbeten? Wurden meine Erwartungen erfüllt?

Was habe ich erkannt in der Betrachtung, was wurde mir geschenkt?

Habe ich Gott erfahren? Wie bin ich ihm begegnet?

Was war trocken, unruhig, zerstreut? Wo war ich nicht aufmerksam?

Ich danke für das Betrachten und Beten; ich bitte, wenn ich dabei nachlässig war, um Verzeihung; ich bete für die nächste Betrachtung und für alle meine Wege.

Auch hier gilt, dass man die Methode individuell abwandeln kann und soll. Jeder Beter, jede Beterin wird einen persönlichen Stil finden. Der dritte und der vierte Schritt werden bald zusammenfallen. Wer einige Erfahrung hat, wird leicht und ohne weitere methodische Bemühung mit seinen Lieblingspsalmen in ein inneres Beten kommen. Je nach persönlicher Situation wird das Beten sich verändern und entwickeln. In Krisen und auf Durststrecken können einige Psalmen besonders gut helfen, die Krise selbst anzunehmen und ins Gebet zu bringen. Das Buch der Psalmen bietet für fast alle Situationen des Lebens eine überwältigende Fülle von Gebeten.

Zu diesem Buch

Die »biblischen Meditationen« wollen zur Schriftbetrachtung anregen. Eine »Hinführung« deutet zunächst den jeweiligen Schrifttext aus. Sie soll helfen, den Text zu verstehen und auf heutige Fragen hin zu übersetzen. Die »Fragen und Hinweise« eröffnen Möglichkeiten, persönlich nachzudenken und zu beten. Die Meditationen wollen das eigene Betrachten keineswegs ersetzen, sondern zu ihm hinführen; sie sollen die individuelle Entdeckungsreise nicht auf das hier Geschriebene einengen, sondern einen Raum eröffnen, in dem man aus der Schrift weitere Deutungen und Impulse für sein spirituelles Leben entwickelt. Manchmal wird man den Schrifttext anders deuten als hier vorgeschlagen – auch das hat sein Recht und seine Wahrheit. Wer nach einiger Zeit ohne die Hilfen dieses Buches selbständig mit der Schrift meditieren kann, sollte es beiseite legen und allein den Weg weitergehen.

Von den »Fragen« sollte sich niemand ein schlechtes Gewissen machen lassen oder spirituellem Druck ausgesetzt fühlen. Ihre Absicht ist es, dem Betenden zu ermöglichen, sein Leben in seiner Komplexität und Vieldeutigkeit ins Betrachten einzubringen. Nur die Wahrheit macht frei. Oft wird es klug sein, sich auf eine oder wenige Fragen zu konzentrieren und bei diesen längere Zeit zu verweilen. Wenn die Fragen nicht treffen, stellt man sich andere, eigene. Frei soll der Geist wirken und ins Herz strömen. Wenn man ihm Raum und Zeit lässt, führt er den Betenden dahin, wo sein Gebet tief und fruchtbar wird.

Die Auswahl der Schrifttexte folgt einem bestimmten inhaltlichen Verlauf, dem der Exerzitien des Ignatius von Loyola. Die fünf Kapitel greifen die fünf Phasen der Exerzitien auf, die unter verschiedenen Perspektiven das Leben des Betenden mit Gott in Verbindung bringen. Wer sich genauer dafür interessiert, sei auf die reichlich vorhandene Exerzitienliteratur verwiesen (z.B.: Stefan Kiechle, Ignatius von Loyola, Freiburg 2001; dort weitere Literatur). Bewusst ist die Auswahl der 36 Meditationen klein gehalten. Sie umfasst klassische und häufig verwendete, aber auch wenig bekannte Schrifttexte. Am Ende jeder Meditation werden zwei Texte angegeben, die man ergänzend oder alternativ betrachten kann. Betende können sich selbst auf die Suche machen und im reichen Schatz der Bibel Abschnitte entdecken, die ihnen in ihrer Lebenssituation helfen.

Auf vielfache Weise sprechen die ausgewählten Schriftstellen Grundthemen der Spiritualität und des Glaubens an. Die Meditationen wollen diese Themen aufgreifen und – zumindest ansatzweise – bedenken. Viele der verwendeten Bibeltexte stellen einfach und klar Grundzüge christlicher Gottesvorstellung dar. Anfragen daran, die sich aus gegenwärtiger Erfahrung ergeben, werden nicht ausgespart, sondern ehrlich gestellt. Das christliche Gottesbild, anfangs unbefangen vorausgesetzt, wird im Lauf des Weges hinterfragt. Im fortgesetzten Betrachten und Beten selbst wird es gereinigt, erneuert und vertieft.

Die Meditationen können in Bibelkreisen, in Exerzitien im Alltag oder für Exerzitienkurse verwendet werden. Man kann mit ihnen allein einen geistlichen Weg gehen oder gemeinsam mit anderen in einer Gruppe. Jede Meditation steht für sich und kann einzeln gewählt werden. Für eine gezielte geistliche Wegstrecke empfiehlt es sich jedoch, in der angegebenen Reihenfolge voranzugehen. Die Meditationen können auch helfen, sich für katechetische oder homiletische Zwecke einen Bibeltext persönlich zu erschließen. Im Alltag können etwas Geübte selbständig nach der Methode der Meditationen zum Beispiel ein ganzes Evangelium betrachten. Abschnittweise geht man über mehrere Wochen hinweg in einer täglichen Zeit des Gebets ein biblisches Buch durch. Damit kann man dem Ganzen der Schrift eher gerecht werden.

In der Regel hilft es, mit einer Begleitung oder in einer Gruppe zu meditieren. Der Begleiter oder die Begleiterin ist eine Person, die Erfahrung auf dem spirituellen Weg hat. Man trifft sich regelmäßig mit ihr zum persönlichen Gespräch und lässt sich methodisch und inhaltlich anleiten. Gruppen gibt es unter verschiedenen Bezeichnungen, etwa als Bibelkreis oder Gebetsgruppe oder als Kreis für Exerzitien im Alltag. Die Gruppe trifft sich regelmäßig, um zu betrachten, zu beten und sich über geistliche Erfahrungen geschwisterlich auszutauschen. Der geistliche Weg wird so zum gemeinsamen, kirchlichen Weg, denn er verbindet Menschen miteinander und mit Gott.

1 Vor Gott

In der ersten Etappe der Exerzitien suchen wir Gott: Wir öffnen unser Herz und unseren Geist und wollen seine Stimme hören. Wir erfahren uns als von Gott geschaffen und geliebt. Gott führt uns alle Wege unseres Lebens. Wir öffnen uns dafür, Weisungen von ihm anzunehmen. Er will uns begegnen und macht sich selbst auf die Suche nach uns. Diese erste Phase nennt man »Prinzip und Fundament«: Ignatius setzt an den Beginn seines Exerzitienbuchs einen knappen Text, der diesen Titel trägt und die erwähnten Erfahrungen anspricht. In der Tat bilden sie ein Fundament für den weiteren Exerzitienweg, auch wenn Ignatius sich nicht näher dazu äußert, wie man diese Etappe gestalten soll und welche Zeitspanne man für sie braucht. Die ersten Meditationen wollen zu diesen Erfahrungen hinführen.

»Rede, Herr, dein Diener hört«

1 Samuel 3,1–10

> 1 Der junge Samuel versah den Dienst des Herrn unter der Aufsicht Elis.
> In jenen Tagen waren Worte des Herrn selten; Visionen waren nicht
> häufig. 2 Eines Tages geschah es: Eli schlief auf seinem Platz; seine Au-
> gen waren schwach geworden und er konnte nicht mehr sehen. 3 Die
> Lampe Gottes war noch nicht erloschen und Samuel schlief im Tempel
> des Herrn, wo die Lade Gottes stand. 4 Da rief der Herr den Samuel und
> Samuel antwortete: Hier bin ich. 5 Dann lief er zu Eli und sagte: Hier bin
> ich, du hast mich gerufen. Eli erwiderte: Ich habe dich nicht gerufen.
> Geh wieder schlafen! Da ging er und legte sich wieder schlafen. 6 Der

Herr rief noch einmal: Samuel! Samuel stand auf und ging zu Eli und
sagte: Hier bin ich, du hast mich gerufen. Eli erwiderte: Ich habe dich
nicht gerufen, mein Sohn. Geh wieder schlafen!
7 Samuel kannte den Herrn noch nicht und das Wort des Herrn war
ihm noch nicht offenbart worden. 8 Da rief der Herr den Samuel wieder,
zum dritten Mal. Er stand auf und ging zu Eli und sagte: Hier bin ich, du
hast mich gerufen. Da merkte Eli, dass der Herr den
Knaben gerufen hatte. 9 Eli sagte zu Samuel: Geh, leg dich schlafen!
Wenn er dich (wieder) ruft, dann antworte: Rede, Herr; denn dein
Diener hört. Samuel ging und legte sich an seinem Platz nieder.
10 Da kam der Herr, trat (zu ihm) heran und rief wie die vorigen Male:
Samuel, Samuel! Und Samuel antwortete: Rede, denn dein Diener hört.

Hinführung

Die Geschichte Samuels, der im Tempel die Stimme Gottes hört, gehört zu den klassischen Berufungsgeschichten des Alten Testaments. Sie spricht ganz unmittelbar zu uns, ja sie berührt uns selbst dann in wesentlichen Fragen unseres Lebens, wenn wir die Umstände jener Zeit nicht näher kennen. Die Vorgeschichte sei kurz dargestellt:

Als sich etwa im 11. Jahrhundert vor Christus die Israeliten im Land Kanaan niederlassen, gibt es noch keine staatliche Ordnung und kein Königtum. Die »Richter« sind charismatische Persönlichkeiten, die Israel in den kriegerischen Auseinandersetzungen mit den Nachbarvölkern führen. Für den religiösen Kult bestehen, im ganzen Land verteilt, zahlreiche Heiligtümer, an denen Gott auf unterschiedliche Weise verehrt wird. In Schilo, einem Heiligtum im Bergland von Samaria, verrichtet – wie das erste Buch Samuel berichtet – der Priester Eli den Kult. Hanna, eine lange Zeit kinderlose Frau, bekommt nach flehentlichem Gebet zu Gott einen Sohn. Sie nennt ihn Samuel und weiht ihn von seiner Kindheit an – wie sie Gott in ihren Gebeten versprochen hat – dem Dienst im Tempel von Schilo. Unsere Erzählung berichtet nun, wie Gott den jungen Samuel in seinen Dienst ruft.

Zunächst wird von der religiösen Situation der Zeit berichtet: »Worte des Herrn waren selten; Visionen waren nicht häufig.« Man fühlt sich unmittelbar an die heutige Situation erinnert, in der Gott vielen Menschen fremd oder abwesend zu sein scheint. Solche glaubenslosen, religionskritischen Zeiten gibt es im Lauf der Geschichte immer wieder. Zur Zeit Samuels hat das Volk Israel wenig Sicherheit für seine Zukunft, politisch wie wirtschaftlich, aber auch religiös. Nur wenige Menschen halten treu in den Heiligtümern aus, glaubend und betend. Auch der Priester Eli ist alt, seine Augen sind schwach, sein Leib ist müde. Ein kleines Lämpchen brennt noch im Tempel – ein vielleicht letztes schwaches Zeichen der Gegenwart Gottes. Offenbar kümmert sich niemand mehr um Gott.

Samuel schläft. Offensichtlich ist der Schlaf ein besonderer Zustand oder ein Medium, in dem sich Gott meldet! Samuel tut nichts. In der Passivität des nächtlichen Schlafs wird dieser einfache Junge von Gott einfach angesprochen. Zunächst erkennt Samuel die Stimme Gottes nicht; er meint, der alte Priester Eli rufe ihn. Jung und unerfahren, wie Samuel ist, kann er gar nicht auf die Idee kommen, dass Gott selbst ihn auf solch einfache Weise ansprechen könnte. Immer wenn er die Stimme hört, geht er sofort zu Eli und fragt ihn, was dieser von ihm will. Doch Eli ist zunächst nur verwirrt, denn er hat Samuel nicht gerufen.

Beim dritten Mal merkt Eli, dass es wohl der Herr ist, der den jungen Samuel ruft. Offensichtlich braucht es die Reife und Lebenserfahrung eines alten Priesters, um auf die Idee zu kommen, dass Gott selbst rufen könnte. Und offensichtlich braucht der Junge den Rat des Alten, um auf die richtige Spur gebracht zu werden. Aber Gott ruft ihn, den Jungen! Der Alte ist demütig genug zu akzeptieren, dass nicht er selbst gemeint ist. Und der Junge ist offen genug, den Rat des Alten anzunehmen. Aber worin könnte der Ruf Gottes bestehen? Eli rät Samuel nicht, nun angespannt und hellwach hinzuhören, um nur ja keinen Laut der Stimme Gottes zu verpassen. Er rät ihm auch nicht, laut zu beten oder einen religiösen Ritus zu vollziehen, um sich Gott anzunähern. Im Gegenteil: Er rät ihm, sich wieder schlafen zu legen!

Beim vierten Mal tritt Gott – wie es heißt – an Samuel heran. Die Begegnung ist noch intensiver, intimer, fast körperlich wahrzunehmen. Nach dem Rat Elis antwortet Samuel auf den Ruf seines Namens ganz einfach: »Rede, Herr, dein Diener hört.« In diesen Worten drückt er die Haltung dessen aus, der sich für Gott öffnet und sich von ihm in Dienst nehmen lässt. Er will einfach nur auf seine Stimme hören, seine Aufträge entgegennehmen, sich zur Verfügung stellen. Er ist wie ein Beter, der sich auf den Weg macht, Gott und seine Weisung zu suchen.

Nun aber bekommt Samuel von Gott einen konkreten Auftrag: Er soll in Israel Richter werden und als Prophet wirken. Zunächst muss er Eli Unheil ansagen, weil sich dessen Söhne gegen Gott verfehlen. Später wird er bei der Wahl und Salbung eines Königs, also bei der nationalen Einigung des Volkes mithelfen. Die Einzelheiten dieser Aufträge sind für die Meditation nicht mehr wichtig. Es geht in dieser Übung um die Weise Gottes, zum Menschen zu sprechen, und um dessen Weise, auf Gottes Stimme zu hören.

Fragen und Hinweise

Wie sehe ich die religiöse Situation unserer Zeit? Ist sie trostlos? Bin ich von der Gottferne meiner Mitmenschen angesteckt? Warte ich auf eine Offenbarung Gottes, gar für mich persönlich? Rechne ich mit seinen Worten und Aufträgen? Sehe ich die kleine Lampe in der Kirche, die seine Gegenwart in einer sonst nachtschwarzen Welt anzeigt? Glaube ich an sein Kommen? Suche ich ihn überhaupt?

Wie erwarte ich, die Stimme Gottes zu hören? Meine ich, dass ich, um sie zu hören, immer etwas machen, leisten, erledigen muss? Kann ich darauf vertrauen, dass Gott zu mir auch im Schlaf, in der Ruhe, in der Passivität, vielleicht in meinen Träumen oder durch die Worte anderer Menschen spricht?

Wie höre ich Gottes Anruf? Höre ich überhaupt richtig zu? Oder meine ich, sofort redend antworten zu müssen, ohne richtig hingehört zu haben? Hat mein Gebet nicht allzu oft die Form: »Höre, Herr, dein Diener redet!« – statt einfach und leise, demütig und bescheiden zu formulieren: »Rede, Herr, dein Diener hört«?

Bin ich bereit, der Stimme Gottes, wenn ich sie höre, zu folgen? Lasse ich mir Rat geben von älteren und weisen Menschen? Bringe ich die Geduld auf, auch noch beim dritten Versuch nachzufragen, was der Rufer meinen könnte?

In dieser Betrachtung kann ich Gott darum bitten, dass er zu mir spricht, wann und wie er es möchte; und darum, dass er mir die Gnade des Hörens gebe, so dass ich den Lärm und das Gerede des Alltags überwinde und offen werde für ihn. Ich versuche, auf seine Stimme aufmerksam zu werden, im Schlaf oder im Traum, in der Stimme des anderen oder in meiner eigenen inneren Stimme. Ich bitte um diese Aufmerksamkeit.

Nur wer Gott sucht, hört ihn. Und nur wer auf ihn hört, sucht und findet ihn. Die hörende Haltung ist zugleich Voraussetzung und Gnade des Gottsuchens. Um diese Haltung beten wir in dieser Übung. Indem wir um sie beten, üben wir sie ein. Wir erbitten sie nicht deswegen, weil Gott nicht wüsste, dass wir sie brauchen, sondern weil dieses Gebet – wie jedes Gebet – uns hilft, offener und empfänglicher für das zu werden, was Gott uns immer schon schenken will.

Weitere Schrifttexte

1 Könige 3,9	König Salomo betet: »Verleih deinem Knecht ein hörendes Herz, damit er dein Volk zu regieren und das Gute vom Bösen zu unterscheiden versteht.«
Lukas 8,4–18	Über das rechte Hören des Wortes Gottes

Geschaffen und geliebt

Genesis 1,26–27

26 Dann sprach Gott: Lasst uns Menschen machen als unser
Abbild, uns ähnlich. Sie sollen herrschen über die Fische des
Meeres, über die Vögel des Himmels, über das Vieh, über die
ganze Erde und über alle Kriechtiere auf dem Land. 27 Gott schuf
also den Menschen als sein Abbild; als Abbild Gottes schuf er ihn.
Als Mann und Frau schuf er sie.

Hinführung

Zu dieser Meditation über die Schöpfung kann man die beiden ersten Kapitel des Buches Genesis ganz lesen. Es handelt sich um zwei Berichte, die in verschiedenen Zeiten und Kulturen entstanden sind und in unterschiedlichen Bildern die Erschaffung von Welt und Menschheit erzählen. Der Text ist dicht, theologisch überaus vielfältig und für die Geschichte und den Geist unseres christlichen Glaubens von fundamentaler Bedeutung. Wer sich für eine genauere Auslegung interessiert, sollte einen bibeltheologischen Kommentar dazu lesen. Hier werden nur wenige Hinweise für die Betrachtung gegeben. Unsere Meditation richtet die Aufmerksamkeit auf den angegebenen Abschnitt.

Gott schuf Welt und Menschheit als Anfang der Geschichte. Diese ganze Welt ist damit von Gott verschieden, selbst nicht göttlich. Sie ist aber auf Gott bezogen, da sie aus ihm kommt, von ihm »getragen« und auf ihn hin geordnet ist. Sie ist einmalig und von Gott gewollt. Sie ist durch Raum und Zeit begrenzt. Sie ist unvollkommen und gebrochen. Sie ist nicht unendlich wie ihr Schöpfer, sondern endlich. Sie ist als Ganze abhängig von ihrem Schöpfer, in ihrem eigenen Sein jedoch selbständig und frei. Gott hat sie als sein Geschöpf angenommen und liebt sie.

Die moderne Naturwissenschaft mit ihren Lehren – etwa denjenigen vom Urknall und von der Evolution – steht zum biblischen Schöpfungsglauben nur scheinbar im Widerspruch. Während diese Lehren empirisch-wissenschaftlich das Werden der Welt beschreiben, bewegen sich die biblischen Aussagen auf einer anderen Ebene des Nachdenkens: Sie deuten in bildhafter Annäherung das Woher und Wohin der Welt als Ganzer. Sie wollen theologische Aussagen über die Beziehung zwischen Schöpfer und Geschöpf machen. Sie beantworten die Urfragen des Menschen nach dem Dasein und dem Sinn des Lebens.

Jeder einzelne Mensch ist von Gott als einmaliges und einzigartiges Wesen geschaffen. Er ist als geistiges Wesen mit einem unvergleichlichen Vorzug ausgestattet. Indem Gott ihn erschafft, liebt er ihn, liebt jede einzelne Person gewissermaßen in deren Dasein hinein. Abbild Gottes ist der Mensch durch seine Geistigkeit, seine Personalität und seine Freiheit. Indem er Gott ähnlich ist, hat er eine absolute und unzerstörbare Würde und Größe. In den Dimensionen von Leib und Seele manifestiert sich sein Personsein; sie bilden untrennbar eine Einheit und begründen seine Würde. Als Mann und Frau lebt der Mensch in zwei Geschlechtern, die einander ergänzen, sich helfen und in polarer Spannung aufeinander bezogen sind. Mann und Frau sind dazu geschaffen, sich in Liebe zu begegnen und dabei zu »einem Fleisch« zu werden. Die geschlechtliche Vereinigung ist ein Höhepunkt menschlicher Liebe und führt in der Regel zu gottgewollter Fruchtbarkeit. Dass der Mensch über Natur und Welt »herrschen« soll, ist ein besonderer Auftrag Gottes. Vom hebräischen Wort her meint dieser Ausdruck nicht, dass der Mensch die Natur ausbeuten oder zerstören darf, sondern einzig, dass er, gleichsam als Statthalter des gütigen Schöpfers, die Natur weise erhalten, sorgend pflegen und klug für gute Zwecke nutzen soll.

Die Folge der Tage im ersten Schöpfungsbericht beschreibt, wie Gott die Welt in einem zeitlichen Rhythmus erschafft und nach und nach weise ordnet. Die wiederholte Aussage, dass »alles sehr gut« sei, stellt die Geordnetheit des ganzen Werks heraus. Als Christen müssen wir ein ehrliches Ja zu dieser Welt sagen, die in sich eine großartige Weisheit, Güte, Ordnung und Zielgerichtetheit birgt. Diese grundsätzlich positive Sicht der Welt dürfen wir uns durch kein noch so gewaltiges Böses zerstören lassen. Die Welt und jeder Mensch – jeder einzelne andere und ich selbst! – haben einen unzerstörbaren guten Kern. Dies festzuhalten und darauf letztlich ein Grundvertrauen in das Leben und in die Menschen zu gründen, ist die erste christliche Grundhaltung, ein Glaube, den es immer wieder einzuüben und zu vertiefen gilt.

Fragen und Hinweise

Kann ich mich als Geschöpf des gütigen und weisen Schöpfers sehen? Kann ich mich annehmen, mit meinem Leib, meiner Geschlechtlichkeit und meiner »Seele«? Mag ich mich selbst – so wie mein Schöpfer mich mag? Kann ich Gott dafür danken, dass er mich schuf und wie er mich schuf – ganz konkret? Freue ich mich über mein Dasein?

Sehe ich meine Begrenztheit als Geschöpf? Kann ich akzeptieren, dass ich in einen begrenzten Raum und in endliche Zeit eingebunden bin? Dass meine Fähigkeiten und Begabungen begrenzt und unvollständig sind? Kann ich in der zweiten Hälfte meines Lebens eingestehen, dass langsam – oder schnell – meine Kräfte nachlassen? Akzeptiere ich meinen Tod als Ende des geschöpflichen Lebens? Kann ich das Leben auf Erden, das mir der Schöpfer einst schenkte, loslassen und ihm zurück geben? Empfinde ich Sehnsucht nach Gott, der mir in diesem Leben oftmals zugleich nah und fern erscheint?

Kann ich schließlich die Welt als gut annehmen und Gott für sie danken? Zur Welt gehört die Natur, aber auch die Kultur, die menschliche Gesellschaft, Sozialordnung, Wirtschaft, Politik ... Bin ich in Gefahr, etwas Irdisches als absolut anzusehen und zu vergötzen? Oder meine ich umgekehrt, dass ich die Welt als gottlos verachten könnte? Fürchte ich, dass Gott die Welt vergisst, sie im Stich lässt, so dass sie dem Untergang zutaumelt? Glaube ich, dass Gott die endliche, vielfach unvollkommene und verdorbene Welt am Ende der Tage in seine Vollendung führen wird? Engagiere ich mich in dieser Welt, um zu helfen, dass sie heil und vollendet werde? Oder sind mir die Welt und die Menschen gleichgültig?

Ich versuche, mich als Teil der Schöpfung wahrzunehmen und mich in sie einzufügen. Ich sehe mich als gutes Werk des weisen und liebenden Schöpfers. Ich betrachte mich selbst und nehme mich an, mit allen Grenzen und Fehlern und mit meiner Gebrechlichkeit. Ich danke Gott von ganzem Herzen für mich selbst, für meine Mitmenschen und für die mich umgebende und bergende Welt. Ich überwinde meine Angst und vertraue dem Schöpfer von so viel Gutem.

Weitere Schrifttexte

Psalm 104	Lob der Schöpfung
Jesaja 43,1–7	Gott hat mich geschaffen und geführt

»Der Herr ist mein Hirte«
Psalm 23

1 [Ein Psalm Davids.] Der Herr ist mein Hirte, / nichts wird mir fehlen.
2 Er lässt mich lagern auf grünen Auen / und führt mich zum Ruheplatz
am Wasser. 3 Er stillt mein Verlangen; / er leitet mich auf rechten
Pfaden, treu seinem Namen. 4 Muss ich auch wandern in finsterer
Schlucht, / ich fürchte kein Unheil; denn du bist bei mir, / dein Stock
und dein Stab geben mir Zuversicht. 5 Du deckst mir den Tisch / vor den
Augen meiner Feinde. Du salbst mein Haupt mit Öl, / du füllst mir
reichlich den Becher. 6 Lauter Güte und Huld werden mir folgen mein
Leben lang, / und im Haus des Herrn darf ich wohnen für lange Zeit.

Hinführung

Dieser wohl bekannteste Psalm der Bibel schafft unmittelbar eine Atmosphäre des Vertrauens und der Geborgenheit. Viele Menschen kennen ihn seit Kindertagen. Er ist leicht auswendig zu lernen. In den unterschiedlichsten Situationen des Alltags kann man ihn rezitieren. Seine Bilder sprechen unsere Sinne an und bringen die Saiten unserer Seele zum Klingen.

Eine agrarische Kultur steht hinter der Bildwelt des Psalms: Schafherden prägen das Bild des Orients. Von Hirten werden sie geführt, auch durch unwegsames und gefährliches Gelände. Könige und religiöse Führer werden häufig als Hirten gesehen. Vielerorts ist das Land trocken und wüstenartig. Auf »grüne Auen« und zu einem »Ruheplatz am Wasser« geführt zu werden, ist göttlicher Segen. Die Oase mitten in der Wüste wird zum Urbild menschlichen Glücks und göttlicher Zuwendung. In ihrem Wirtschaften sind die Menschen ständig von Dürren bedroht, so dass sie in dauernder Angst um die jährliche Ernte und damit um die nackte Existenz leben. Der reichlich gedeckte Tisch und der gefüllte Becher symbolisieren Reichtum, Wohlergehen und Segen. Der Psalmist erlebt diese überwältigende Zuwendung Gottes, er nimmt sie voll Freude an und dankt Gott aus ganzem Herzen dafür.

Heute mag eine solch offenherzige Dankbarkeit naiv erscheinen. Wir sollten sie aus der Kultur und den Umständen der Zeit heraus verstehen. Im Bild der finsteren Schlucht ist angedeutet, dass der Psalmist auch andere Erfahrungen gemacht hat: Er wurde bedroht, litt Not, ängstigte sich. Sein Vertrauen darauf, dass Gott immer bei ihm ist und ihn mit seinem Hirtenstab durch die Wirrnisse des Lebens führt, ist also hart errungen. Er vertraut Gott nicht, indem er das Böse beiseite drängt oder leugnet, sondern indem er sich tapfer der Wanderung durch die finsteren Schluchten des Lebens stellt. Er hat schon erfahren, dass Gottes Führung stärker ist. Psalm 23 zeugt von einem reifen Gottesglauben, der durch schmerzhafte Erlebnisse geprüft und geläutert ist.

Literarisch gesehen verschwimmen in dem Psalm die Bild- und die Sachebene: Die grünen Auen, die finstere Schlucht, der gedeckte Tisch, das gesalbte Haupt sind einerseits Bilder für andere Wirklichkeiten: Der mit dem Psalm Betende darf frei seine Phantasie schweifen lassen und eigene Erfahrungen einbringen. Andererseits meint der Psalm auch die beschriebenen Dinge selbst: Gut zu essen und zu trinken, die grüne Fülle der Natur zu erleben, am Wasser zu ruhen, durch Finsternisse angstfrei geleitet zu werden oder die Schönheit des Körpers mit duftenden Salben zu pflegen – das sind menschliche Bedürfnisse, deren Stillung uns zufrieden macht und Wohlbehagen an Leib und Seele verschafft. Vielleicht berührt uns der Psalm deswegen so tief, weil er zugleich direkt unsere sinnlichen Bedürfnisse anspricht und uns Raum für die Phantasie lässt.

»Vor den Augen meiner Feinde« deckt Gott den Tisch. Drückt dieser Satz Schadenfreude aus, oder will er gar der Feinde Neid wecken? Die Frage ist vermutlich falsch, zu neuzeitlich gestellt. Der Psalmist freut sich ganz einfach, dass bei dem überall herrschenden Mangel er etwas bekommt. Er ist nicht habgierig oder egoistisch, sondern sieht im für ihn gedeckten Tisch einen Macht- und Gunsterweis *seines* Gottes! Der Psalm will sagen: Freue dich nicht nur über die Dinge, sondern über deinen Gott, der sie dir schenkt! Vielleicht ist man zur Zeit des Psalmisten noch nicht so weit, die universale Sorge Gottes und die geforderte Solidarität zwischen einander fremden Gruppen erkannt zu haben. Oder man drückt sie nur an dieser Stelle nicht aus. Auch die neutestamentliche Feindesliebe, nach der man die Güter mit dem Feind besser teilen sollte, kommt nicht vor. Wie dem auch sei: Was sich im Glaubensbewusstsein des Volkes Israel langsam entwickeln muss, wird auch auf unserem persönlichen Glaubensweg Zeit brauchen: von der naiven, herzlichen und unbekümmerten Freude darüber, dass »mir« der Tisch reich gedeckt wird, zur Ethik des Teilens, der Solidarität und der Gerechtigkeit. Beides wird im Glauben seinen Platz finden und sich ergänzen und befruchten.

Am Ende drückt der Psalmist die Zuversicht aus, im Haus des Herrn für lange Zeit wohnen zu dürfen. Auch dieses Wort können wir direkt deuten: Er möchte im Tempel am Gottesdienst teilnehmen und dabei Freude und Trost erfahren. Oder wir lesen es als Bild: Er vertraut – wie es der vorangehende Satz sagt – darauf, für immer in der Sphäre göttlicher Güte und Gnade verweilen zu dürfen. Dieser letzte Vers sagt nichts Zusätzliches zum vorher gepriesenen materiellen Segen Gottes, so dass er gewissermaßen die Spiritualität ergänzen würde, sondern er sagt dieselbe Sache anders: Wer die Fülle der Natur geschenkt bekommt und darin Gottes Segen erkennt, lebt schon im Haus und damit in der Gnade Gottes!

Von Christen wurde Psalm 23 seit alter Zeit auch auf die Sakramente der Taufe und der Eucharistie hin gedeutet: Der Ruheplatz am Wasser meint dann das reinigende Bad der Taufe, das uns von der Sünde befreit und in die Gemeinschaft der Kirche aufnimmt. Der reichlich gedeckte Tisch – mit dem gefüllten Becher! – bedeutet das eucharistische (Abend-) Mahl, in dem wir des Todes und der Auferstehung Christi gedenken. Selbstverständlich kann der Autor des Psalms seinen Text so noch nicht gemeint haben. Man nennt eine solche Deutung *typologisch*, denn im Alten Testament findet sich der »Typos«, das Urbild für das Neue. Typologische Interpretationen sind heute wenig verbreitet, haben jedoch eine große christliche Tradition. Wir dürfen im Psalm voraus ahnen, was erst durch Christus geheimnisvoll enthüllt wird. Geistlich Suchende dürfen in ihrer Phantasie Brücken schlagen, die zwar geschichtlich nicht möglich, aber im Glauben plausibel sind und Halt und Freude geben. Bei unserem Psalm kann uns diese »sakramentale« Deutung daran erinnern, dass für Christen Taufe und Eucharistie die Ursymbole von Gottes gnädiger Zuwendung sind. Sie geben uns besonders dann Halt und Trost, wenn wir in »finsterer Schlucht« wandern müssen.

Suche ich Gott als Hirten, der mich wie sein Schaf führt? Kann ich zugeben, in der Wüste meiner alltäglichen Kämpfe und in der Unübersichtlichkeit unserer modernen Welt einen Hirten zu brauchen, der mir gibt, was mir fehlt, und mich auf grüne Auen führt?

Sehe ich in materiellen Gütern Geschenke Gottes – oder nehme ich sie allzu selbstverständlich als etwas hin, das zu meinem Leben gehört oder gar von mir geschaffen wurde? Kann ich den gedeckten Tisch und den gefüllten Becher, den Ruheplatz am Wasser und das Salböl für meinen Kopf aus ganzem Herzen genießen und dafür danken? Oder bin ich schon so übersättigt, dass ich nur noch damit beschäftigt bin, Missbräuchen des Wohlstands zu wehren? Heute will ich mich bemühen, für Einfaches und Konkretes im Leben einfach und konkret zu danken. Die unbekümmerte und kindhafte Freude am scheinbar Kleinen ist eine große Gabe, um die ich mich bemühe und den Herrn bitte.

Ich kann zurückblicken auf Krisen und Durststrecken in meinem Leben: Erkenne ich – oft gelingt das erst nachträglich – die Führung Gottes, wenn ich finstere Schluchten zu durchqueren habe? Bin ich zuversichtlich, wenn ich an gegenwärtige oder zukünftige Finsternisse denke? Lasse ich mir durch den »Stock und Stab« Gottes helfen – oder will ich die Probleme immer allein lösen?

Sehe ich »Güte und Huld« Gottes darin, dass es mir einfach nur gut geht? Oder pflege ich eine permanente Unzufriedenheit und fordere vom Leben immer noch mehr? Nehme ich den materiellen Segen als eine *geistliche* Gabe und die Natur in ihrer Fülle als das »Haus Gottes« wahr?

Psalm 23 wirft uns auf die elementare Dankbarkeit zurück. Wir beten ihn leichthin und selbstverständlich; doch wenn wir unser Leben genauer betrachten, vergessen wir allzu oft seine Botschaft. Der Psalm fordert uns heraus, das alltäglich Gute wahrzunehmen, dafür zu danken und so dem Leben die Ausrichtung auf Gott zurück zu geben. Wir werden dadurch zufriedene und dankbare Menschen, die Ja zu ihrem Dasein sagen und Freude ausstrahlen.

Weitere Schrifttexte

Ezechiel 34	Die schlechten Hirten Israels – Gott als der wahre Hirte
Johannes 10,1–18	Jesus, der gute Hirte

Gott sucht den Menschen

1 Könige 19,1–15

1 Ahab erzählte Isebel alles, was Elija getan, auch dass er alle Prophe-
ten mit dem Schwert getötet habe. 2 Sie schickte einen Boten zu Elija
und ließ ihm sagen: Die Götter sollen mir dies und das antun, wenn ich
morgen um diese Zeit dein Leben nicht dem Leben eines jeden von ih-
nen gleich mache. 3 Elija geriet in Angst, machte sich auf und ging weg,
um sein Leben zu retten. Er kam nach Beerscheba in Juda und ließ dort
seinen Diener zurück. 4 Er selbst ging eine Tagereise weit in die Wüste
hinein. Dort setzte er sich unter einen Ginsterstrauch und wünschte
sich den Tod. Er sagte: Nun ist es genug, Herr. Nimm mein Leben; denn
ich bin nicht besser als meine Väter. 5 Dann legte er sich unter den
Ginsterstrauch und schlief ein. Doch ein Engel rührte ihn an und
sprach: Steh auf und iss! 6 Als er um sich blickte, sah er neben seinem
Kopf Brot, das in glühender Asche gebacken war, und einen Krug mit
Wasser. Er aß und trank und legte sich wieder hin. 7 Doch der Engel des
Herrn kam zum zweiten Mal, rührte ihn an und sprach: Steh auf und
iss! Sonst ist der Weg zu weit für dich. 8 Da stand er auf, aß und trank
und wanderte, durch diese Speise gestärkt, vierzig Tage und vierzig
Nächte bis zum Gottesberg Horeb. 9 Dort ging er in eine Höhle, um
darin zu übernachten. Doch das Wort des Herrn erging an ihn: Was
willst du hier, Elija? 10 Er sagte: Mit leidenschaftlichem Eifer bin ich für
den Herrn, den Gott der Heere, eingetreten, weil die Israeliten deinen
Bund verlassen, deine Altäre zerstört und deine Propheten mit dem
Schwert getötet haben. Ich allein bin übrig geblieben und nun trachten
sie auch mir nach dem Leben. 11 Der Herr antwortete: Komm heraus

und stell dich auf den Berg vor den Herrn! Da zog der Herr vorüber: Ein
starker, heftiger Sturm, der die Berge zerriss und die Felsen zerbrach,
ging dem Herrn voraus. Doch der Herr war nicht im Sturm. Nach dem
Sturm kam ein Erdbeben. Doch der Herr war nicht im Erdbeben.
12 Nach dem Beben kam ein Feuer. Doch der Herr war nicht im Feuer.
Nach dem Feuer kam ein sanftes, leises Säuseln. 13 Als Elija es hörte,
hüllte er sein Gesicht in den Mantel, trat hinaus und stellte sich an den
Eingang der Höhle.
Da vernahm er eine Stimme, die ihm zurief: Was willst du hier,
Elija? 14 Er antwortete: Mit Leidenschaft bin ich für den Herrn, den Gott
der Heere, eingetreten, weil die Israeliten deinen Bund verlassen,
deine Altäre zerstört und deine Propheten mit dem Schwert getötet
haben. Ich allein bin übrig geblieben und nun trachten sie auch mir
nach dem Leben. 15 Der Herr antwortete ihm: Geh deinen Weg durch
die Wüste zurück und begib dich nach Damaskus! Bist du dort ange-
kommen, salbe Hasaël zum König über Aram!

Hinführung

Elija ist Prophet. Leidenschaftlich ist er für Jahwe, den Gott Israels, eingetreten. Durch ein Feuerzeichen hat Jahwe bewiesen, dass er Gott ist – der Götze Baal ist es nicht! Das achte Jahrhundert vor Christus ist eine grausame Zeit – Elija hat Hunderte von Baals-Propheten hinrichten lassen (1 Kön 18). Nun trachtet ihm Isebel, die Frau des Königs Ahab, nach dem Leben, denn sie stammt aus einem Volk, das Baal verehrt. Sie war es, die in Israel den Baals-Kult zu neuer Blüte gebracht hat.

Elija bekommt Angst. Er läuft weg. Er hat von den gefährlichen Aufträgen Gottes genug. Im äußersten Süden Israels, in Beerscheba am Rand der großen Wüste, verabschiedet er seinen Diener. Die Wüste ist Ort der Gottferne und des Todes. Elija geht in die Wüste hinein, um dort einsam zu sterben. Mit Gott hat er abgeschlossen. Im Schatten des Ginsterstrauchs will er in den Todesschlaf fallen. Er scheint resigniert zu sein. Oder ist er selig über seinen Schlaf und sein baldiges Ende? Vielleicht ist er beides zugleich: resigniert und selig!

Gott geht ihm nach; er nimmt ihn ganz ernst. Vielleicht braucht er Elija noch, will etwas von ihm. Die Wüste wird für Elija zum Ort, an dem er Gott nicht ausweichen kann! Gott sendet den Engel, seinen Boten. Der Engel versorgt Elija mit Brot und Wasser. Bereitwillig nimmt Elija das Angebot an. So lebensmüde, dass er hungrig die angebotene Nahrung ablehnen würde, ist er offenbar nicht. Wie wohl jeder Mensch ist er eben doch so sehr dem Sinnlichen verhaftet, dass er sich, wenn er Hunger hat, leicht mit einem Leckerbissen von seinen Vorsätzen abbringen lässt. Dann sucht er wieder den Schlaf. Seine Probleme hat er erst einmal vergessen. Der Engel kommt zum zweiten Mal, wieder mit Essen. Er bringt ihm einen göttlichen Auftrag, und Elija gehorcht spontan. Die himmlische Nahrung stärkt ihn.

Der Weg von 40 Tagen und Nächten hat symbolische Bedeutung. Die Zahl 40 bedeutet in der Bibel – im Zusammenhang mit der Wüste – eine Periode der Reinigung und geistlichen Läuterung: 40 Jahre lang zieht das Volk Israel durch die Wüste; vor seinem öffentlichen Wirken fastet Jesus 40 Tage lang in der Wüste. Der Marsch Elijas geht zum Gottesberg Horeb, an dem sich einst Jahwe dem Volk Israel und Mose geoffenbart hat. Der Ort hat mythische Bedeutung im Glaubensbewusstsein Israels. Dort wird Elija Gott begegnen. Dort wird sein Leben eine Wende nehmen.

Die Höhle, in die Elija geht, ist vielleicht die Felsspalte, in welche Gott Mose stellte, als er sich ihm zeigte (Ex 33,22). Wie Mose darf Elija Gottes Angesicht nicht sehen, denn kein Sterblicher kann den Anblick Gottes ertragen. Die Frage Gottes »Was willst du hier« wirkt unangebracht, denn Elija wandert ja auf Gottes Weisung hin zum Horeb. Und was Elija sagt, beantwortet nicht die Frage, sondern beschreibt in klagendem Ton die Situation. Einige Verse weiter werden Frage und Antwort wiederholt – beide Male handelt es sich wohl um eine Art rituelle Vorbereitung darauf, dass Gott sich nun zeigen wird. In einem solch jämmerlichen Augenblick, da Elija in einer riesigen, gebirgigen Steinwüste herumirrt, weit weg von jeder Zivilisation und nach einem gescheiterten Kampf für Gott, auf der Flucht vor ihm und doch von ihm geführt, menschlich vereinsamt und von der Königin auf den Tod verfolgt – da zeigt sich ihm Gott!

Wie sich Gott Elija zeigt, spricht uns unmittelbar an: nicht in Sturm, Erdbeben oder Feuer, wie das ähnlich von der Gottesbegegnung des Mose (Ex 19,16–19) erzählt wird, sondern in leisem Säuseln. Gott zeigt sich nicht in polternden Großereignissen, sondern in sanften Zwischentönen – *wenn* wir genau hinhören und aufmerken. In der Stille abgeschiedener Orte und im Schweigen der Natur, in der die leisen Regungen der Seele aufblühen dürfen, dort ist Gott gegenwärtig; das ist die Erfahrung der meisten Gottsucher, in allen Jahrtausenden.

In der Geschichte von Elijas Wanderung ist es Gott, der den Menschen sucht. Elija muss einen weiten Läuterungsweg durch die Wüste gehen, aber er bekommt die dazu nötige Nahrung. Gott mutet ihm viel zu, aber am Ende zeigt er sich ihm in einer nicht nur erträglichen, sondern ihn erfüllenden Weise. Elija ist nun bereit, zu neuen Aufträgen gesandt zu werden. Die Aufträge selbst und ihre erzählerische Darstellung vor und nach unserer Perikope sind heute schwer nachvollziehbar. Sie entstammen einer uns fremden, archaischen Kultur. Die gewählte Erzählung steht in diesem Erzählfluss da wie ein einsames Idyll. Wir dürfen sie herausgreifen und uns von ihr berühren und herausfordern lassen.

Fragen und Hinweise

Bin ich vor Gott davongelaufen? Vor seinen Aufträgen oder vor meinem Scheitern? Aus Angst vor den Menschen? Trage ich in mir eine Todessehnsucht, in der ich mir zwar gefalle, mit der ich jedoch nur vor dem Leben und dem Leiden fliehe? Kenne ich diesen Trotz des Kindes: Jetzt werde ich es ihm zeigen!? Suche ich den Schlaf, um zu vergessen?

Wie leicht oder wie schwer lasse ich mich durch den Engel des Herrn aus dem Schlaf rütteln? Ich kann die Szene mit dem Engel so deuten, dass wie bei Elija ein guter Engel meine sinnliche Verführbarkeit ausnützt, um mich zum Guten hin zu animieren. Ich kann mich aber auch fragen, ob nicht auf dieselbe Weise ein böser Engel mich leicht zum Bösen hin bestechen könnte ...

Die 40-tägige Wanderung durch die Wüste können wir als Zeit der geistlichen Läuterung verstehen. Bin ich bereit, einen Weg zu gehen, bei dem ich innere Trockenheit ertragen, gegen Dämonen kämpfen und mein Nichtverstehen aushalten muss? Das Dunkle, das in der Stille in mir hochsteigt, das sind meine Leere, mein Egoismus, meine Sucht nach Bestätigung, meine Ängste, meine Enge. Wer ins Schweigen und Beten hineingeht, muss mit solchen inneren Durststrecken und Krisen rechnen. Wer im Gebet nur schöne und erfüllende Gedanken oder Gefühle sucht, benutzt Gott zur Befriedigung seiner Bedürfnisse. Gott will den ganzen Menschen, und dazu müssen wir ihm zuerst unser Innerstes öffnen, auch das, was in uns ungeläutert, verbogen, narzisstisch oder ängstlich ist. Nur in einem schmerzvollen Prozess der Umkehr werden wir zu neuen Menschen. Elijas Wüstenwanderung ist das biblische Bild für diesen inneren Weg.

Wie begegne ich Gott? Suche ich ihn im außerordentlichen, spektakulären Ereignis? Oder im Leisen, Zarten, »Weichen«? Glaube ich überhaupt, dass er sich mir zeigen wird – nach allen Durststrecken und mitten in der so felsigen Wüstenlandschaft meines vielleicht chaotischen Alltags? Erkenne ich, dass er mich sucht – viel mehr, als ich ihn jemals suchen kann? Dass ich ihm nicht ausweichen kann – und nicht auszuweichen brauche, weil er es nur gut mit mir meint? Bin ich bereit, mich von ihm suchen und *brauchen* zu lassen?

Die Geschichte von Elijas Wanderung an den Horeb enthält zahlreiche existentielle Symbole: die Wüste, der Schlaf, der Ginsterstrauch, der Engel des Herrn, das Brot und der Wasserkrug, die glühende Asche, die Wanderung, die 40 Tage und Nächte, der Berg, die Frage Gottes, die Höhle, der Sturm und das Erdbeben und das Feuer, das Säuseln, das verhüllte Angesicht. In mir kann ich Bilder oder Erinnerungen aufsteigen lassen. Ich lasse mich bewegen und komme in ein persönliches Beten. Ich kann mein Gebet in Worte fassen oder schweigend die Bilder und Gefühle Gott hinhalten.

Weitere Schrifttexte

Hosea 11,1–9	Gott sehnt sich nach dem Menschen
Exodus 3,1–15	Mitten in der Wüste zeigt sich Gott in einem brennenden Dornbusch seinem Diener Moses

2 Sein Leben ordnen

In der zweiten Etappe der Exerzitien stellen wir uns den dunklen Seiten unseres Lebens: Die Welt ist voller Bosheit. Wir werden von Krankheiten, Verletzungen und Ängsten gepeinigt. Wir haben damit zu kämpfen, dass wir zu gerne andere und uns selbst betrügen. Wir erkennen unseren Egoismus und müssen unsere Sünde eingestehen. Bisweilen erscheint uns Gott selbst fern und dunkel. Manchmal kämpfen wir gegen finstere Mächte oder gar gegen Gott selbst. Und doch will uns jederzeit der barmherzige Vater empfangen und die Schuld vergeben. Er heilt, was krank ist, und besiegt die Angst. Vom Bösen wenden wir uns ab. Die Vergebung, die wir von Gott empfangen und die uns heilt und befreit, schenken wir denen weiter, die an uns schuldig geworden sind. Wir versöhnen uns, und unser Leben ordnet sich. Aus dem Dunkel lassen wir uns schrittweise in Gottes Licht führen. Diese zweite Phase der Exerzitien heißt bei Ignatius schlicht »erste Woche«, denn nach dem kurzen »Prinzip und Fundament« soll sie – würde man die volle Form der 30-tägigen Exerzitien machen – etwa eine Woche lang dauern.

Die Schlange und das Böse

Genesis 3,1–24

1 Die Schlange war schlauer als alle Tiere des Feldes, die Gott, der Herr,
gemacht hatte. Sie sagte zu der Frau: Hat Gott wirklich gesagt: Ihr dürft
von keinem Baum des Gartens essen? 2 Die Frau entgegnete der
Schlange: Von den Früchten der Bäume im Garten dürfen wir essen;
3 nur von den Früchten des Baumes, der in der Mitte des Gartens steht,
hat Gott gesagt: Davon dürft ihr nicht essen und daran dürft ihr nicht
rühren, sonst werdet ihr sterben.

4 Darauf sagte die Schlange zur Frau: Nein, ihr werdet nicht ster-
ben. 5 Gott weiß vielmehr: Sobald ihr davon esst, gehen euch die Augen
auf; ihr werdet wie Gott und erkennt Gut und Böse. 6 Da sah die Frau,
dass es köstlich wäre, von dem Baum zu essen, dass der Baum eine
Augenweide war und dazu verlockte, klug zu werden. Sie nahm von
seinen Früchten und aß; sie gab auch ihrem Mann, der bei ihr war, und
auch er aß.

7 Da gingen beiden die Augen auf und sie erkannten, dass sie nackt
waren. Sie hefteten Feigenblätter zusammen und machten sich einen
Schurz. 8 Als sie Gott, den Herrn, im Garten gegen den Tagwind ein-
herschreiten hörten, versteckten sich Adam und seine Frau vor Gott,
dem Herrn, unter den Bäumen des Gartens. 9 Gott, der Herr, rief Adam
zu und sprach: Wo bist du? 10 Er antwortete: Ich habe dich im Garten
kommen hören; da geriet ich in Furcht, weil ich nackt bin, und ver-
steckte mich. 11 Darauf fragte er: Wer hat dir gesagt, dass du nackt bist?
Hast du von dem Baum gegessen, von dem zu essen ich dir verboten
habe? 12 Adam antwortete: Die Frau, die du mir beigesellt hast, sie hat
mir von dem Baum gegeben und so habe ich gegessen. 13 Gott, der
Herr, sprach zu der Frau: Was hast du da getan? Die Frau antwortete:
Die Schlange hat mich verführt und so habe ich gegessen.

14 Da sprach Gott, der Herr, zur Schlange: Weil du das getan hast,
bist du verflucht / unter allem Vieh und allen Tieren des Feldes. / Auf
dem Bauch sollst du kriechen / und Staub fressen alle Tage deines Le-
bens. 15 Feindschaft setze ich zwischen dich und die Frau, / zwischen
deinen Nachwuchs und ihren Nachwuchs. / Er trifft dich am Kopf / und

du triffst ihn an der Ferse. [16] Zur Frau sprach er: Viel Mühsal bereite ich dir, sooft du schwanger wirst. / Unter Schmerzen gebierst du Kinder. / Du hast Verlangen nach deinem Mann; / er aber wird über dich herrschen.

[17] Zu Adam sprach er: Weil du auf deine Frau gehört und von dem Baum gegessen hast, von dem zu essen ich dir verboten hatte: So ist verflucht der Ackerboden deinetwegen. / Unter Mühsal wirst du von ihm essen / alle Tage deines Lebens. [18] Dornen und Disteln lässt er dir wachsen / und die Pflanzen des Feldes musst du essen. [19] Im Schweiße deines Angesichts / sollst du dein Brot essen, / bis du zurückkehrst zum Ackerboden; / von ihm bist du ja genommen. / Denn Staub bist du, zum Staub musst du zurück.

[20] Adam nannte seine Frau Eva (Leben), denn sie wurde die Mutter aller Lebendigen. [21] Gott, der Herr, machte Adam und seiner Frau Röcke aus Fellen und bekleidete sie damit. [22] Dann sprach Gott, der Herr: Seht, der Mensch ist geworden wie wir; er erkennt Gut und Böse. Dass er jetzt nicht die Hand ausstreckt, auch vom Baum des Lebens nimmt, davon isst und ewig lebt! [23] Gott, der Herr, schickte ihn aus dem Garten von Eden weg, damit er den Ackerboden bestellte, von dem er genommen war. [24] Er vertrieb den Menschen und stellte östlich des Gartens von Eden die Kerubim auf und das lodernde Flammenschwert, damit sie den Weg zum Baum des Lebens bewachten.

Hinführung

In vielen Kulturen gilt die Schlange als Symbol des Bösen: Sie nähert sich heimlich und auf versteckten Wegen, will Gift spritzen, töten, fressen. Sie scheint animalische Gier mit teuflischer Klugheit zu verbinden. Sie lebt im Verborgenen, bewegt sich geräuschlos, windet sich durch undurchdringliches Dickicht, schleicht sich hinterrücks heran. Sie gilt als Verführerin zur Sünde, als Feindin des Menschen und des Lebens überhaupt. Dennoch ist die Schlange in vielen Traditionen auch Symbol von Heilung und Rettung: In Numeri 21,4–9 rebelliert das Volk Israel in der Wüste. Zunächst schickt Gott Giftschlangen, um die Israeliten zu bestrafen. Dann hängt Mose jedoch ein Schlangensymbol aus Kupfer an einer Fahnenstange auf; wer dieses Symbol anblickt, bleibt am Leben. Seit der griechischen Antike ist die Schlange auch das Symboltier des Arztes und der Heilkunst. Im Biss der Schlange liegen symbolisch Verwundung und Heilung. Auch nach unserer Alltagserfahrung können viele Krankheiten, leibliche und seelische, nur geheilt werden, indem der Arzt oder Therapeut zunächst eine schmerzhafte Wunde zufügt.

Nach der Bibel besteht das Wesen der Sünde nicht so sehr darin, dass Sünder oder Sünderin göttliche Gesetze brechen oder ihre Pflichten nicht erfüllen. Sünde hat vielmehr einen Zusammenhang mit menschlicher Beziehung: Der Sünder verletzt die Liebe, er will auf Kosten anderer etwas für sich haben, er will alles allein machen und allein besitzen, er schließt sich von den Menschen und von Gott ab. Und er akzeptiert seine Grenzen nicht: Er will alles sein und haben. Er hält sich für größer, als er ist. Er will sein wie Gott, das heißt Gottes Wahrheit und Weisheit, seine Macht und seinen unendlichen Genuss schon in diesem Leben für sich beanspruchen. Seine Sehnsucht nach dem Unendlichen will er, ohne seine Geschöpflichkeit zu akzeptieren, jetzt schon – oft mit Mitteln der Gewalt – erfüllen.

In Gen 3 verführt die Schlange die Frau, indem sie ihr verbotene Früchte empfiehlt; die Früchte, so sagt sie, verschaffen göttliche Erkenntnis. Der Mensch würde, indem er diese ihm von Gott gesetzte Grenze überschreitet, werden wie Gott. Dieser Versuchung kann Eva nicht widerstehen – genauso wenig wie Adam, der fraglos von der Frucht isst. Sofort führt die neue Erkenntnis zur Scham: Nacktheit deutet Grenze an, Unvollkommenheit, verletzte Intimität. Die Menschen bekommen Angst vor Gott und verstecken sich. Weil sie Grenzen überschritten haben und sein wollten wie Gott, regiert sie nun die nackte Angst. Ertappt von Gott, der alles weiß, beginnt Adam, sich mit Ausreden zu rechtfertigen und die Schuld sofort von sich weg, auf Eva zu schieben, die sie wiederum auf die Schlange schiebt. Wir erkennen in dieser lebendigen Erzählung unmittelbar unsere eigenen Versuche, aus Scham und Angst davonzulaufen und Schuld zu verdrängen oder abzuschieben.

Die Strafe folgt unmittelbar: Die Menschen leben fortan nicht mehr im »Paradies«, dem immer ersehnten Zustand von Schuldlosigkeit,

Friede und Glück. Ihr Leben ist von Bösem durchdrungen, das sich durch die Zeiten und Generationen, durch Gesellschaften und Kulturen durchfrisst und menschliches Leben immer mit Schmerzen, Angst und unsäglichen Leiden erfüllt. Im »Schweiß seines Angesichts« muss der Mensch sein Leben fristen, nicht weil Gott es ihm so mühselig zumutet, sondern weil er selbst – individuell und sozial – sich das Leben schwer, manchmal unerträglich macht.

Des Menschen Sünde ist, sich zur Überschreitung von Grenzen verführen zu lassen und hochmütig alles erkennen zu wollen – sein zu wollen wie Gott. Über die ihm zugemessene körperliche und geistige Lust hinaus begehrt er eine solche, die ihm nicht zusteht. Im folgenden Kapitel der Genesis, in der Geschichte von Kain und Abel (Gen 4,1–16), wird dieser mehr individuellen Sünde die soziale hinzugefügt: Aus Neid und Eifersucht, aus Habgier und Ehrgeiz wendet der Mensch Gewalt gegen seinen Bruder an. Diese soziale Sünde steht gleichbedeutend mit der Sünde der verbotenen Erkenntnis am Anfang der menschlichen Geschichte. Beide zusammen machen die Ursünde der Menschheit aus.

Man könnte sich bei der Erzählung des Sündenfalls mit vielen Fragen beschäftigen: Wie kommt die böse Schlange ins Paradies – woher also das Böse in der Welt? Wieso wird zuerst die Frau verführt? Gab es geschichtlich ein »Paradies«? Warum ließ Gott so einfach zu, dass es verloren ging? Warum schuf er den Menschen mit einer Freiheit, die dieser zum Bösen nutzte? Wenn Gott allmächtig und gut ist und Welt und Menschen als gut schuf – warum dann dieses unendliche Leid in der Schöpfung? Wie hat sich durch das Leiden das menschliche Leben verändert? Was ist aus dem Leid, vielleicht sogar an Gutem, gewachsen?! Diese Fragen wollen wir hier nicht beantworten; in den nächsten Meditationen werden wir ihnen noch mehrmals begegnen. Manche Fragen sind wohl allzu neuzeitlich – etwa die, warum Eva zuerst verführt wurde –, sie passen nicht zur Kultur jener Zeit. Andere sind ewige Menschheitsfragen, die wir am Ende unseres Lebens Gott stellen möchten! Die Zielsetzung unseres Betrachtens legt nahe, sich auf die persönlichen Fragen zu konzentrieren. Ein Leben lang werden uns die Themen dieser Erzählung beschäftigen, wir werden über sie nachdenken müssen und mit ihnen beten.

Wo bin ich in die Ursünde der Menschheit verstrickt: dass ich wie Gott sein und seine Erkenntnisfähigkeit besitzen will? Dass ich verbotenen Früchten nicht widerstehen kann? Dass ich die Grenzen meiner Geschöpflichkeit nicht akzeptieren möchte? Dass ich gierig nach Besitz und Genuss bin? Dass ich gegenüber anderen neidisch, eifersüchtig, deswegen aggressiv und gewalttätig bin? Wo sind meine »Schlangen«, die mich zu verführen suchen und denen ich immer wieder erliege?

Sehe ich, dass die Menschheit in Schuld verstrickt ist? Ich schaue in mein Land mit seiner Geschichte, in die Gesellschaft, die Wirtschafts- und Staatsordnung, in weltweite Zusammenhänge. Ich sehe, wie Raffgier und Egoismus, Angst und Aggression die Welt regieren und das Zusammenleben der Menschen bis auf den Grund verderben. Kann ich die tief sitzende Ungerechtigkeit und Bosheit als Sünde gegen Gott wahrnehmen? Rühren mich Unrecht und Gewalt im Herzen so an, dass ich dagegen aufbegehre?

Wenn ich selbst etwas Unrechtes getan habe: Neige ich dazu, mich zu verstecken und mein schlechtes Gewissen zu übertünchen? Rechtfertige ich mich mit Ausflüchten und schiebe die Schuld auf andere ab? Laufe ich meiner Verantwortung und Gott davon? Lasse ich mich durch Angst regieren? Oder schäme ich mich meiner, weil ich zu hoch hinaus will und meine Geschöpflichkeit nicht akzeptiere?

Dass das Leben uns Menschen immer wieder mühevoll wird, dass eine Geburt unter Schmerzen geschieht, dass die Arbeit uns oft anstrengt und vielleicht zermürbt, dass das Sterben meist mit Angst und auch Qual verbunden ist: Kann ich diese Folgen des Sündenfalls für mich annehmen? Bin ich demütig, geduldig, bescheiden im Bestehen des Alltags? Oder laufe ich ständig dem verlorenen Paradies nach, immer unzufrieden, immer auf der Suche nach Befriedigungen, die mir nicht zustehen?

Die Bibel stellt Adam und Eva nicht als Individuen dar, sondern eher als »Typen« der Menschheit als ganzer. In dieser Betrachtung geht es daher nicht zuerst um unsere persönlichen Sünden, sondern darum, dass wir wahrnehmen, wie sehr wir in die abgründige Bosheit der Welt hinein verstrickt sind: Überall lauern Schlangen, die uns, oft unbemerkt, in Böses hineinzerren. Durch meine an sich gute Anlage zum Unendlichen, die jedoch leibliche und geistige Grenzen nicht akzeptieren will, durch meine Erziehung und durch unsere Kultur lasse ich mich zu Bösem verführen. Und in die böse gewordenen Strukturen der Welt bin ich unentrinnbar hinein verstrickt! Diese Einsichten werden mich zutiefst erschrecken, aber sie können mich auch moralisch entlasten, weil ich nicht mehr für jede Sünde ganz allein persönlich verantwortlich bin.

Weitere Schrifttexte

Jeremia 14,17b–21	Der Prophet klagt über die Verderbnis im Land
Exodus 32,1–6	Der Tanz um das goldene Kalb, Symbol der verkehrten Götzen

Heilung des Blinden

Markus 10,46–52

46 Sie kamen nach Jericho. Als er mit seinen Jüngern und einer großen
Menschenmenge Jericho wieder verließ, saß an der Straße ein blinder
Bettler, Bartimäus, der Sohn des Timäus. 47 Sobald er hörte, dass es Je-
sus von Nazaret war, rief er laut: Sohn Davids, Jesus, hab Erbarmen mit
mir! 48 Viele wurden ärgerlich und befahlen ihm zu schweigen. Er aber
schrie noch viel lauter: Sohn Davids, hab Erbarmen mit mir! 49 Jesus
blieb stehen und sagte: Ruft ihn her! Sie riefen den Blinden und sagten
zu ihm: Hab nur Mut, steh auf, er ruft dich. 50 Da warf er seinen Mantel
weg, sprang auf und lief auf Jesus zu. 51 Und Jesus fragte ihn: Was soll
ich dir tun? Der Blinde antwortete: Rabbuni, ich möchte wieder sehen
können. 52 Da sagte Jesus zu ihm: Geh! Dein Glaube hat dir geholfen.
Im gleichen Augenblick konnte er wieder sehen, und er folgte Jesus auf
seinem Weg.

Hinführung

Zur Zeit Jesu ist Blindheit ein häufiges Gebrechen. Manche Menschen können von Geburt an nicht sehen, andere sind im Lauf ihres Lebens durch Krankheit blind geworden. Blinde können nicht arbeiten, sind arm, erniedrigt, sozial geächtet. Weil sie keine Familie gründen können, müssen sie meist allein leben. Um zu überleben betteln sie, denn Einrichtungen der Armenfürsorge gibt es nicht. Aus der normalen menschlichen Gemeinschaft sind sie wie ausgestoßen. Als Obdachlose führen sie ein einsames und erbärmliches Leben.

»Bartimäus« bedeutet, wie der Erzähler selbst übersetzt, »Sohn des Timäus«. Heißt das, dass der blinde Bettler nicht einmal eines eigenen Namens würdig ist, sondern nur den des Vaters trägt? Bezeichnenderweise lebt er außerhalb der Stadt Jericho, also nicht in normaler menschlichen Gesellschaft. Er sitzt an der staubigen Straße nach Jerusalem, am Rand der Wüste, ungeschützt ihren Gefahren ausgeliefert. Er besitzt so gut wie nichts und hängt völlig vom Almosen derer ab, die zufällig vorbeikommen. Er lebt eine prekäre, ja hoffnungslose und verzweifelte Existenz. Er könnte sich vergraben in seine körperliche und menschliche Finsternis, könnte aufgeben, auf einen schnellen Tod warten.

Bartimäus hört von dem berühmten Rabbi Jesus aus Nazaret, der sogar körperliche Gebrechen auf wunderbare Weise heilen können soll. Jesus wird an dem Ort vorbeikommen, wo er jeden Tag sitzt und still seine Leiden erduldet. Bartimäus setzt nun all seine Hoffnung auf Jesus. Wenn ihm überhaupt jemand aus dem Elend aufhelfen kann, dann dieser Mann – so seine innerste Überzeugung und sein fester Glaube. Erwartungsvoll hört er die lärmende Menschenmenge herankommen, Jesus in ihrer Mitte.

Sobald er Jesus in seiner Nähe vermutet, nimmt er allen Mut und alle Kraft zusammen und schreit seine Sehnsucht heraus: »Sohn Davids, hab Erbarmen mit mir!« Die Menge will ihn zurückdrängen, denn ein solcher Schmutzfink ist doch wohl unwürdig, von dem großen Wunder-Rabbi angehört zu werden. Bartimäus bleibt unbeirrt, gegen alle Konvention und gegen die Wahrscheinlichkeit, überhaupt gehört zu werden. Er schreit noch lauter. Und das Wunder passiert: Jesus wendet sich ihm zu. Die Menschen weichen beschämt zurück. Sie müssen sich eingestehen, dass Jesus diesen Verkrüppelten für wichtiger nimmt als sie es erwartet hatten.

Der blinde Mann wirft seinen Mantel weg – wohl sein einziger Besitz, den er nachts als Schutz gegen die Kälte dringend braucht. Der Mantel des Armen gilt als so existenznotwendig, dass man ihn nach dem Gesetz niemals über Nacht pfänden darf (Ex 22,25f.; Dt 24,13). Seinen letzten Halt hat Bartimäus nun losgelassen. Nackt und ohne jeden Rückhalt wirft er sich in Jesu Arme. Er vertraut nur noch auf ihn, gibt alles für ihn auf. Jesus fragt ihn, was er will – obwohl er ja sehen muss, dass diesem Mann das Augenlicht fehlt. Offensichtlich will Jesus, dass Bartimäus ihm seinen Wunsch ausdrücklich sagt und um dessen Erfüllung bittet. Sobald Bartimäus seinen Wunsch nennt, geschieht das Wunder, und es kommt zur verwandelnden Begegnung. Seine Augen öffnen sich, und er kann wieder sehen. Ganz knapp nur und äußerst diskret erzählt die Bibel diesen Kern der Geschichte.

Bartimäus folgt Jesus auf dem Weg. Die Welt sehen zu können, überwältigt ihn. Geheilt zu sein, trifft ihn so tief, dass er sofort sein weiteres Leben Jesus zur Verfügung stellt. Er will mit Jesus im Land umherziehen, mit ihm leben, alles für ihn tun. Er weiß nicht, was auf ihn zukommt, geht das volle Risiko ein; aber er vertraut und glaubt. Der Weg, den sie gehen, führt durch die Wüste Juda – ein extrem steiniger und gefährlicher Pfad – nach Jerusalem hinauf. Dort wird Jesus auf grausame Weise am Kreuz sterben müssen. Bartimäus lässt sich auf die Nachfolge Jesu ein, nach dem Wunder wohl in der Erwartung, dass er ein schönes Leben führen wird. Doch er wird akzeptieren müssen, dass der Weg mit Jesus auch mühselig sein wird. Sein weiteres Schicksal ist nicht bekannt; als Jünger Jesu verschwindet er im Dunkel der Geschichte. In dieser Anonymität wird er zum Vorbild für viele Christen, die in aller Stille und in tiefem Vertrauen dem Herrn ihr Leben zur Verfügung stellen.

Fragen und Hinweise

Wo sehe ich an mir blinde Flecken, körperliche Gebrechen, psychische oder menschliche Defizite? Gemeint sind jene Mängel, die ich nicht selbst verursacht habe, sondern die mir mitgegeben sind, von Geburt an oder durch Krankheit oder durch die Umstände meiner Lebensgeschichte. Ich habe sie einfach zu tragen – vielleicht als Zumutung Gottes? Worunter leide ich und wovon ersehne ich mir Heilung?

Wo fühle ich mich aus der menschlichen Gemeinschaft ausgestoßen, einsam, an den Rand gedrängt, namenlos, bedürftig, abhängig? Wo sitze ich wie ein Bettler im Staub, ohne Hoffnung und verzweifelt? Kann ich zu meinem Elend stehen – oder beschönige ich es, lüge mir selbst und den anderen und Gott immer wieder etwas vor?

Kann ich als Christ, als Christin hoffen? Oder igle ich mich ein in meinen Schmerz? Vertraue ich nur mir selbst? Meine ich, alle meine Probleme selbst lösen zu müssen? Oder lasse ich mir helfen? Kann ich mich, auch gegen die Meinung der Menschenmenge, ganz auf den Herrn werfen? Kann ich ihm vertrauen und an seine heilende Macht glauben? Finde ich Mut und Kraft, den Schritt aus mir heraus im rechten Augenblick wirklich zu gehen?

Bin ich bereit, im Gebet Gott meine Not zu nennen, sie immer wieder herauszuschreien, auch wenn es mir peinlich ist, auch gegen Widerstände anderer, auch gegen meinen eigenen Unglauben?

Kann ich meine Sicherheiten aufgeben, meine letzten Besitztümer, an die ich mich so gerne klammere? Habe ich den Mut, alles loszulassen und alles von Gott zu erwarten? Glaube ich an die Möglichkeit, geheilt zu werden? Und wenn bei mir unerwartet ein blindes Auge zu sehen lernt oder ein seelischer Knoten sich löst: Kann ich das als Wunder Gottes begreifen und ihm dafür danken?

Bin ich bereit, mich nach der Heilung Gott zur Verfügung zu stellen und einen Weg durch die Wüste zu gehen? Lasse ich mich von Gott führen, auch wenn ich nicht weiß, wohin er mich führt? Kann ich als Christ auch schwierige und schmerzhafte Wege von Gott annehmen, wenn sie für das Wohl anderer notwendig sind?

Die Geschichte des blinden Bettlers wirft uns auf einfache, aber elementare Glaubensfragen zurück. Wir Menschen sind gebrechlich und schwach, abhängig und immer gefährdet, wir leben eine prekäre Existenz. Dies einzugestehen und Hilfe von Gott zu erwarten, ist der erste und fundamentale Glaubensakt.

Wunderbare Heilungen sind im irdischen Leben möglich. Sie kommen aus der personalen Begegnung mit dem personalen Gott, der sich uns in Jesus Christus zeigt. Oft sind sie zwischenmenschlich vermittelt: Ich begegne einer Schwester oder einem Bruder in wirklicher Tiefe, und eine Verwirrung klärt sich, ein Knoten löst sich, eine Last fällt ab. Als gläubiger Mensch sehe ich in solchen Geschehnissen die Hand Gottes am Werk. Gott heilt Menschen, um ihnen Gutes zu tun und um seine Güte zu zeigen.

Heilung lässt sich jedoch nicht erzwingen. Manches psychische oder körperliche Gebrechen wird vor dem Tod nicht mehr geheilt werden. Manche quälende seelische Wunde werde ich mit ins Grab nehmen. Das einzugestehen, ist nicht modern, aber realistisch. Es ist hart, auf das neue Leben warten zu müssen, vertrauend darauf, dass Gott dann alle Gebrechen heilen wird. Aber liegt in diesem Glauben nicht zugleich eine großartige Zusage?

Weitere Schrifttexte

Markus 5,24b–34	Jesus heilt eine Frau, die seit zwölf Jahren an Blutungen leidet
Markus 2,1-12	Jesus heilt einen Gelähmten

Die Angst auf dem See

Matthäus 14,22–33

22 Gleich darauf forderte er die Jünger auf, ins Boot zu steigen und an
das andere Ufer vorauszufahren. Inzwischen wollte er die Leute nach
Hause schicken. 23 Nachdem er sie weggeschickt hatte, stieg er auf ei-
nen Berg, um in der Einsamkeit zu beten. Spät am Abend war er immer
noch allein auf dem Berg. 24 Das Boot aber war schon viele Stadien
vom Land entfernt und wurde von den Wellen hin und her geworfen;
denn sie hatten Gegenwind. 25 In der vierten Nachtwache kam Jesus zu
ihnen; er ging auf dem See. 26 Als ihn die Jünger über den See kommen
sahen, erschraken sie, weil sie meinten, es sei ein Gespenst, und sie
schrien vor Angst. 27 Doch Jesus begann mit ihnen zu reden und sagte:
Habt Vertrauen, ich bin es; fürchtet euch nicht! 28 Darauf erwiderte ihm
Petrus: Herr, wenn du es bist, so befiehl, dass ich auf dem Wasser zu dir
komme. 29 Jesus sagte: Komm! Da stieg Petrus aus dem Boot und ging
über das Wasser auf Jesus zu. 30 Als er aber sah, wie heftig der Wind
war, bekam er Angst und begann unterzugehen. Er schrie: Herr, rette
mich! 31 Jesus streckte sofort die Hand aus, ergriff ihn und sagte zu
ihm: Du Kleingläubiger, warum hast du gezweifelt? 32 Und als sie ins
Boot gestiegen waren, legte sich der Wind. 33 Die Jünger im Boot aber
fielen vor Jesus nieder und sagten: Wahrhaftig, du bist Gottes Sohn.

Hinführung

Wer kann sich die Situation nicht lebhaft vorstellen? Dunkle Nacht, das kleine Boot auf dem großen Wasser, ein Sturm kommt auf, die Wellen gehen hoch, schwappen in das Boot, die Männer rudern verzweifelt gegen den Wind, schreien vor Angst … Auch starke Männer und Frauen werden in solchen Situationen schwach. Wir erinnern uns an Zeiten, in denen uns gleichsam der Boden unter den Füßen weg rutscht. Alles gerät ins Wanken. Trotz aller Kraftanstrengung kommen wir keinen Meter weiter. Der ganze Kosmos scheint sich gegen uns zu verschwören. Chaosmächte überfluten uns, und grauenhafte Furcht frisst sich in die Seele ein. Diese Angst ist nicht eine kleine Ängstlichkeit vor irgend etwas, sondern die große, existentielle Angst vor dem endgültigen Absturz. Vor ihr gibt es kein Ausweichen, kein Beseitedrängen, sondern nur noch ein Starren und Schreien und Verzagen.

Jesus hat sich auf den Berg zum Gebet zurückgezogen. Die Jünger sind wütend auf ihn. Warum lässt er sie in einer solchen Situation im Stich? Kümmert es ihn nicht, wenn sie untergehen? Was ist ihm wichtiger: sich persönlich spirituell zu erbauen oder seine Freunde aus Lebensgefahr zu retten?! Nun sehen die Jünger ein Gespenst – wer wäre in Todesgefahr nicht anfällig für solche Schreckensvisionen? Ihre Angst steigert sich zur Panik, ihr Schreien wird noch lauter. Als Jesus zu ihnen spricht, erkennen sie ihn. Der Sturm legt sich noch nicht. Aber die Nähe des Meisters scheint die Jünger zu beruhigen, so dass ihre Angst erst einmal kleiner wird.

Petrus ist der Wortführer der Gruppe. Die Evangelien zeigen ihn als einen Mann, der meist schnell und aus dem Instinkt heraus reagiert. Er ist charakterlich gerade, aber auch besonders ängstlich, bisweilen feige. Im Überschwang der Gefühle schießt er gern über das Ziel hinaus. Als er nun Jesus über das Wasser gehen sieht, begeistert er sich und will das Unmögliche nachmachen. Der Blick auf den Meister gibt ihm ungeheures Vertrauen. Er geht das Risiko ein und verlässt das Boot, das ihm bisher Sicherheit gewährt – auch wenn diese, auf dem aufgewühlten See, nur allzu zerbrechlich ist. Mit festem Blick auf Jesus geht Petrus auf das Wasser. Es trägt! Sein tiefes Vertrauen macht das Wunder möglich.

Man sollte diese Erzählung nicht historisch oder gar naturwissenschaftlich zu verstehen versuchen, sondern psychologisch und spirituell deuten: Wo Menschen einander Vertrauen schenken, wird Unmögliches möglich. Wo wir fest auf Jesus – und in ihm auf Gott – schauen, trägt selbst aufgewühltes Wasser über die Abgründe unserer Existenz.

Da aber die Angst zurückkehrt und ihn von neuem überwältigt, muss Petrus in den Fluten versinken. Offensichtlich blockiert uns die Angst so sehr, dass das Wunder nicht sein kann. Wer sich von Angst leiten lässt, kann Außerordentliches nicht geschehen lassen. Petrus hat großspurig den Schritt über das Wasser gewagt, aber er hat sich und seinen Mut überschätzt. Kleinlaut muss er sein Versagen erkennen. Er ist eben doch nur der feige Angsthase, als der er sich schon lange kennt. Jesus muss ihn wie ein Kind aus dem Wasser ziehen – eine fast rührende Szene, bei der man nicht weiß, ob man lachen oder weinen soll. Die Frage Jesu nach seinem Zweifel fasst die Geschichte zusammen. Fragt Jesus vorwurfsvoll oder nur besorgt oder vielleicht liebevoll ironisch lächelnd? Ob Jesus sich selbst wohl die Frage stellt, wie schwach doch die Männer sind, die er sich als Jünger ausgesucht hat?

Als sie ins Boot steigen, legt sich der Wind. Jesus ist nun bei den Jüngern. Das schwache Boot gibt wieder Sicherheit. Die Anwesenheit des starken Führers hat das Chaos besiegt, und sofort schwindet die Angst. In der Ruhe nach dem Sturm nehmen die Jünger wahr, was geschehen ist. Sie erkennen in Jesus die Größe und Macht Gottes und formulieren ein Glaubensbekenntnis. Gestärkt setzen sie mit dem Meister ihren Weg fort.

Die Perikope vom Seesturm handelt von Angst und Vertrauen. In unserer komplexen, sich ständig ändernden und immer bedrohlicher erscheinenden Welt ist diese Thematik *unser* Problem. Die Menschen früherer Zeiten hatten andere Lebensprobleme, etwa die Frage nach der rechten Lehre oder dem gnädigen Gott oder ganz elementar die nach dem physischen Überleben. Heute erleben wir die Welt und die Anforderungen, die sie an uns stellt, als existentiell bedrohlich. Die Welt bietet raffinierte Mechanismen, die Angst einfach zu verdrängen. Wer sich ihr jedoch in Wahrheit stellt, wird bald Gott suchen. Nur Gott hat die Größe und Kraft, wirkliche Sicherheit anbieten zu können. Nur im Glauben können wir ein existentiell tragendes Grundvertrauen aufbauen. Die Geschichte vom Seesturm fordert uns heraus, unsere Angst durch den Glauben zu besiegen.

Fragen und Hinweise

Kenne ich Situationen, in denen unter mir der Boden wankt? In denen alle Chaosmächte sich gegen mich verschworen haben? In denen ich Angst habe vor dem Absturz, psychisch oder sozial, materiell oder geistig? In denen ich an mir selbst zweifle oder an meinen Liebsten oder an Gott? In denen ich Angst habe vor Krankheit, Alter und Tod?

Manche Ängste wollen mich vor einer wirklichen Gefahr bewahren. Sie sind ein Warnmechanismus der Seele, der letztlich vom Geist gewirkt und gut ist. Diesen Ängsten soll ich »gehorchen« und mich von der angstbesetzten Sache fernhalten. Es gibt aber auch irrationale Ängste, die keinen Grund in der Wirklichkeit haben. Meist sind es tiefe, grausame Ängste, die mich blockieren und die verhindern, dass sich Leben entfaltet. Sie kommen von einem bösen Geist, der sich in meiner Seele eingenistet hat. Zu unterscheiden, welche Art von Ängsten mich plagt, gehört zu den wichtigen Aufgaben im spirituellen Leben. Wenn die Ängste sehr tief sind, mich emotional ständig nach unten ziehen und so mein Lebensgefühl zutiefst bestimmen, brauche ich professionelle Hilfe, um zu lernen, wie ich mit ihnen angemessen umgehen kann.

Wie reagiere ich in Angst? Verkrieche ich mich in einen Winkel des Bootes, schließe die Augen und versuche krampfhaft, die schrecklich um mich tobenden Mächte zu vergessen? Oder kann ich immerhin – wie die Jünger – meine Angst herausschreien? Klammere ich mich verzweifelt an das zerbrechliche Boot, Bild meiner vermeintlichen Sicherheiten? Klage ich Gott an, weil er ferne ist und mich umkommen lässt? Flüchte ich mich in schöne oder schreckliche Phantasien? Sehe ich Gespenster? Zweifle ich an Gott, der doch näher ist, als ich wahrnehme – und schon auf dem Weg zu mir, über das schreckliche Wasser hinweg? Kompensiere ich meine Angst mit irgendeiner materiellen Befriedigung, die mich doch nur kurze Zeit ablenkt?

Kann ich mich wie Petrus für den Herrn begeistern? Plötzlich und »aus dem Bauch heraus« vertrauen? Die zerbrechliche, auf den Wellen tanzende Nussschale meiner falschen Sicherheiten verlassen: mein idealisiertes Bild von mir selbst; die Versuche, mein Leben durch Materielles in den Griff zu bekommen; meine Leistungen, die doch so zerbrechlich bleiben? Kann ich fest auf den Herrn schauen und so die Angst überwinden? Kann ich die Verrücktheit begehen, über Wasser wandeln zu wollen? In einer solch existentiellen Krise, kurz vor dem Absturz, mit dem absoluten Wunder rechnen? Vermag ich den um mich herum tobenden Mächten und Gewalten durch einen Akt des einfachen Glaubens zu trotzen? Werde ich vor dem gähnenden Abgrund nicht erstarren, sondern mutig auf ihn zu und über ihn hinweg schreiten?

Und wenn ich den Schritt gewagt habe: Verzage ich sofort wieder? Muss ich mich vom Herrn am Schopf packen und aus dem Wasser ziehen lassen? Welche Kraft siegt letztlich in mir: die Angst oder das Vertrauen? Wie fest ist meine Beziehung zu Gott?

Die Geschichte vom Seesturm stellt uns die Frage nach Angst und Vertrauen. Sie lädt uns ein, im Glauben die Angst zu überwinden. Das Leben wird durch den Glauben nicht weniger schwierig oder einfach besser. Wenn die Welt um uns herum chaotisch und bedrohlich erscheint, so müssen wir diesen Eindruck ernst nehmen. Die Welt ist abgründig, kompliziert, brüchig, für uns bedrohlich, in sich dem Untergang geweiht. In dieser Welt leben wir ein Leben lang, ungesichert und angstvoll. Petrus muss in einem schmerzhaften Prozess erkennen, dass sein Leben nur in Gottes Hand geborgen ist. Diese Erkenntnis heilt und befreit ihn. Immer wieder diese Geschichte zu meditieren, kann uns von manchen Ängsten befreien. Wir beten darum, dass wir zu vertrauen lernen. Vertrauen ist Gabe Gottes, nicht Ergebnis unserer Anstrengung, nicht Leistung. Aus diesem Grund werden wir Gott ein Leben lang immer wieder um Vertrauen und Glauben bitten.

Weitere Schriftstellen

Psalm 4	»Du hast mir Raum geschaffen, als mir angst war«
Psalm 27	»Der Herr ist mein Licht und mein Heil: Vor wem sollte ich mich fürchten?«

Kampf mit dem Dämon

Lukas 4,1–13

1 Erfüllt vom Heiligen Geist, verließ Jesus die Jordangegend. Darauf
führte ihn der Geist vierzig Tage lang in der Wüste umher, 2 und dabei
wurde Jesus vom Teufel in Versuchung geführt. Die ganze Zeit über aß
er nichts; als aber die vierzig Tage vorüber waren, hatte er Hunger.
3 Da sagte der Teufel zu ihm: Wenn du Gottes Sohn bist, so befiehl
diesem Stein, zu Brot zu werden. 4 Jesus antwortete ihm: In der Schrift
heißt es: Der Mensch lebt nicht nur von Brot. 5 Da führte ihn der Teufel
(auf einen Berg) hinauf und zeigte ihm in einem einzigen Augenblick
alle Reiche der Erde. 6 Und er sagte zu ihm: All die Macht und Herrlich-
keit dieser Reiche will ich dir geben; denn sie sind mir überlassen und
ich gebe sie, wem ich will. 7 Wenn du dich vor mir niederwirfst und
mich anbetest, wird dir alles gehören. 8 Jesus antwortete ihm: In der
Schrift steht: Vor dem Herrn, deinem Gott, sollst du dich niederwerfen
und ihm allein dienen. 9 Darauf führte ihn der Teufel nach Jerusalem,
stellte ihn oben auf den Tempel und sagte zu ihm: Wenn du Gottes
Sohn bist, so stürz dich von hier hinab; 10 denn es heißt in der Schrift:
Seinen Engeln befiehlt er, dich zu behüten; 11 und: Sie werden dich auf
ihren Händen tragen, / damit dein Fuß nicht an einen Stein stößt.
12 Da antwortete ihm Jesus: Die Schrift sagt: Du sollst den Herrn, dei-
nen Gott, nicht auf die Probe stellen. 13 Nach diesen Versuchungen
ließ der Teufel für eine gewisse Zeit von ihm ab.

Hinführung

Jesus wächst in Nazaret heran. Mit etwa 30 Jahren – damals ein recht fortgeschrittenes Alter – beginnt er, seinen religiösen Auftrag zu verwirklichen. Zunächst lebt er für einige Zeit bei Johannes dem Täufer und lässt sich von ihm die Bußtaufe spenden. Danach geht er zur spirituellen Vorbereitung seines eigentlichen Wirkens in die Wüste. Er bleibt dort 40 Tage, eine symbolische Zeitspanne der Reinigung, der Buße und des Gebets. Auch Elija ist 40 Tage lang zum Horeb unterwegs gewesen

(1 Kön 19,8). Jesus macht – um eine Parallele zu unserer Zeit zu ziehen – 40-tägige Exerzitien. »Fasten« heißt in der Sprache der Bibel, dass er überhaupt nichts isst. Körperlich geht er damit an die Grenze dessen, was nach moderner medizinischer Kenntnis möglich ist. Vielleicht hielt Jesus eine solche Extremerfahrung für notwendig.

»Vom Geist erfüllt«, wird Jesus in der Wüste herumgeführt. Die besondere Nähe des göttlichen Geistes deutet an, dass Jesus von Gott in besonderer Weise erwählt ist. Und doch muss er in der Wüste mit dem Teufel kämpfen. Seit alters her ist die Wüste Ort besonderer Gottesnähe – der Geist kann dort gut wirken – *und* Ort besonderer Gottferne – der Teufel führt dort den Menschen in Versuchung, das heißt von Gott weg. Wer in die Wüste geht, erzeugt in der Seele eine Leere an sinnlichen Erfahrungen, an äußeren Ablenkungen und Tröstungen, an jeglicher weltlicher Erfüllung. Diese Leere eröffnet einen Raum, in dem der Geist und der Teufel – wir nennen ihn auch den Abergeist – wirken. Wer einmal die Wüste erfahren hat, und sei es in der abgeschwächten Form von Schweigeexerzitien oder von Heilfasten, wird die starken *geistlichen* Regungen Jesu erahnen können.

Wer in die Leere der Wüste geht, erfährt zunächst nichts. Er spürt nur die Leere selbst, also innere Dürre, Trockenheit, Unruhe. Er versteht nichts mehr, auch nicht den Sinn dieser Leere. Denn erst wenn man auf sinnliche Befriedigung verzichtet, merkt man, wie leer man ohne sie bleibt. In der Wüste beschäftigen uns tausend Gedanken und Phantasien, ausdauernd belagern sie uns und lenken uns vom Eigentlichen ab. Dies sind die Dämonen, von denen die Bibel, die Wüstenväter und die spirituellen Meister sprechen. Man muss die Dämonen bekämpfen, das heißt ins Leere laufen lassen. Es wird ein lebenslanger Kampf sein. Die Leere ist wie dunkle Nacht, in der auch Gott ganz fern zu sein scheint. Was wir früher als »Gott« verehrten, wird nun fraglich. War das nur ein weiteres Trugbild, eine Phantasie, ein Gedanke? Durch die Leere wird unser Gottesbild gereinigt – wir hätten uns kein Bild von Gott machen dürfen! Gott ist unendlich anders und größer als alle Bilder, Vorstellungen, Wünsche, Projektionen. Trösten wird uns, dass auch Jesus diesen schmerzlichen Weg gehen musste.

Dreimal wird Jesus – so erzählt der Evangelist – versucht: zunächst durch die *Brot-Versuchung*, denn wer fastet, bekommt Essphantasien. Das Brot steht für alles Sinnliche und Begehrenswerte, für das Haben- und Genießenwollen, für das Triebhafte und die Gier, für die Sexualität. Natürlich sind diese menschlichen Kräfte nicht in sich böse, ganz im Gegenteil! Wenn sie aber dazu dienen, die innere Leere zuzudecken oder *einzige* Nahrung zu sein, sind sie Dämonen, die den Geist Gottes hindern. Jesus weist sie kraftvoll zurück, indem er auf jene andere Nahrung verweist, die er in der Wüste sucht, die des Geistes.

An zweiter Stelle kommt die *Macht-Versuchung*. Alle Reiche zu besitzen, über andere zu bestimmen, ist eine Grundversuchung des Menschen. Er will über sich hinaus wachsen und sein wie Gott. Dass Macht den Menschen zum Bösen verführt, kann man nicht nur an manchen mächtigen Menschen studieren, sondern auch mit etwas Übung im eigenen Herzen feststellen. Auch mit der Macht ist es nicht so, dass sie an sich böse wäre! Zum Guten sollen wir sie gebrauchen; aber sie hat ein gefährliches Potential, und der Dämon verführt uns, sie zu egoistischen Zwecken zu missbrauchen: Sie verleiht Lust- und Allmachtsgefühle, die uns Menschen nicht zustehen, denn allein Gott ist allmächtig. Sie verschließt uns vor Gott, denn wir halten uns selbst für mächtig, groß und wichtig und brauchen Gott nicht mehr. Andere Menschen müssen sich vor uns niederwerfen, und wir werden stolz. Jesus weist diese Versuchung mit einer eindeutigen Antwort zurück: Gott allein ist mächtig und verdient Unterwerfung und Hingabe. Vor ihm sind wir ohnmächtig. Nur in der bedingungslosen Anerkennung der Macht Gottes lebt der Mensch in rechter Weise seine geschöpfliche Begrenztheit.

Als drittes versucht es der Teufel mit der *Versuchung zum Hochmut*. Er gibt sich unterwürfig, schmeichelt Jesus (»Wenn du Gottes Sohn bist ...«), zitiert dann fromm die Bibel. Wer sich absichtlich von der Zinne des Tempels stürzt und auf die Engel als wunderbare Helfer rechnet, hält sich für spirituell so hochstehend, dass er willkürlich mit den Naturgesetzen brechen kann. Der Hochmütige meint, die Engel als Dienstpersonal im Griff zu haben und sich alles erlauben zu können, vielleicht zur Demonstration der eigenen spirituellen Größe, vor anderen oder – ganz genügsam – vor sich selbst. Der Hochmut ist *die* Urversuchung der geistlich Suchenden. Vor allem dann, wenn man einen ansehnlichen geistlichen Weg schon gegangen ist und dabei einige Fortschritte erzielt hat – was in sich wiederum überhaupt nicht schlecht ist! –, fällt man fast unweigerlich und – schlimmer noch – unmerklich in den geistlichen Hochmut. Man ist anfällig für fromme Schmeichelei, hält sich für fortgeschrittener und besser und schaut auf die anderen herab. Doch der geistliche Weg hängt gerade nicht von unserer Leistung ab, auf die wir stolz sein könnten. Das widerspricht unserer menschlichen Logik! Aus diesem Grund sind wir auf diesem Fleck so blind, dass der Dämon uns das Gift des Hochmuts nur allzu leicht einspritzen kann. Wiederum kann uns trösten, dass auch Jesus an dieser Achillesferse jedes spirituellen Menschen versucht wurde. Jesus pariert den Angriff des Teufels mit dem einfachen Hinweis auf Gott, dessen Gnade durch einen gewollten Sturz vom Tempel ungebührlich auf die Probe gestellt würde. Wir dürfen Gottes Gnade nicht herausfordern, sondern sollen um sie – mit Furcht und Zittern – bitten.

Man erklärt die drei Angriffe des Teufels auf Jesus auch als Versuchungen zum *Habenwollen*, *Geltenwollen* und *Seinwollen*. Wir Menschen wollen mehr haben, vor anderen mehr gelten und letztlich vor uns selbst und vor Gott mehr sein. Dabei liegt in der Dreiheit eine Stufung, nämlich ein Aufstieg vom Bösen zum Schlimmeren. Dass die Gier nach Reichtum das Eingangstor zum Hochmut ist, lehrt die spirituelle Tradition aller Zeiten – auch wenn wir das in unseren Wohlstandszeiten nicht mehr so recht glauben wollen. Mit den drei Versuchungen Jesu zeigt uns die Bibel das Grundmuster dessen, was Sünde ist. Alle menschliche Sündhaftigkeit ist in dieser Dreiheit angesprochen. So werden die Versuchungen Jesu zum Gewissensspiegel für unsere Versuchlichkeit.

Jesus widersteht allen Versuchungen des Teufels. Hier liegt der große Unterschied zu uns. Wir können zu Jesus aufblicken, ihn zum Vorbild nehmen. In seiner Versuchlichkeit tröstet er uns in unserer Versuchlichkeit, in seinem Widerstehen fordert er uns zum Widerstehen heraus und zeigt uns dafür einen Maßstab. Jesus diskutiert nicht lange mit dem Teufel, sondern weist dessen Ansinnen gelassen und hoheitsvoll ab, indem er einfach ein kraftvolles Schriftwort entgegenhält. Dass der Teufel am Ende des Kampfes »für eine gewisse Zeit« von ihm ablässt, weist auf Jesu beeindruckenden Sieg hin, aber auch darauf, dass er sein

Leben lang versuchbar bleibt! Ein Leben lang war Jesus eben *Mensch wie wir* – das müssen wir unser Leben lang bedenken. Nur sündigte er nicht!

Begegnet Jesus in der Wüste *Gott*? In der Matthäus-Fassung der Geschichte heißt es am Ende, dass ihm Engel dienen (Mt 4,11). Bei Lukas wird berichtet, dass Jesus nach seiner Wüstenzeit »in der Kraft des Geistes« nach Galiläa zurückkehrt (Lk 4,14). Diese Hinweise sind sparsam. Sie deuten nur an, dass Jesus nach dem Kampf zu mehr innerer, »engelsgleicher« Ruhe kommt und sich vom Geist nicht nur erfüllt, sondern für seine späteren Aufgaben gekräftigt fühlt. Von einer Gottesbegegnung ist nicht ausdrücklich die Rede. Ist die Bibel hier nur – wie das bei Berichten über mystische Erfahrungen immer angeraten ist – besonders diskret? Oder kann Jesus in der Wüste tatsächlich Gott nicht direkt *erfahren*? Wenn wir letzteres anzunehmen wagen, dann heißt das wohl, dass auch für Jesus die Leere leer bleibt, auch er Gottes Nähe nicht durch Askese erzwingen kann; dass er den Teufel zwar niederringt, aber dafür nicht gleich von Gott mit außerordentlichen Erfahrungen belohnt wird; dass also auch er ein Leben lang Gott suchen muss; dass er ebenfalls warten muss, bis der freie Gott sich ihm frei zeigt: im Beten, im Aktivsein, bei den Menschen, in der »Welt«.

Fragen und Hinweise

Kann ich Leere, Schweigen, Einsamkeit aushalten? Oder muss ich die innere Leere zudecken mit äußeren Befriedigungen, mit Aktivismus oder Konsum, mit Ablenkungen irgendwelcher Art? Um Gott zu suchen, müssen wir uns auf unser Inneres einlassen, auch auf das, was daran dunkel, wirr, bedrohlich, dämonisch ist, auf Versuchungen, Ängste, Zweifel. In diesem Inneren muss die »Konversion«, ein wirkliches Umkehren und Geheiltwerden, geschehen, damit Gott in unser Herz eintreten kann.

Mit den drei Versuchungen Jesu kann ich mein Gewissen erforschen. Dabei geht es nicht darum, dass ich die Welt oder mich selbst – buchstäblich – verteufle, sondern dass ich mich frage, wo ich mich durch sinnliche oder geistige Triebe einengen und von Gott wegführen lasse. Die drei Bereiche sind: das Sinnliche, Begehrende, Habenwollende; der Macht- und Geltungstrieb; der geistige und geistliche Hochmut. Wo bin ich zuerst versuchbar? Wo erliege ich immer und immer wieder den Einflüsterungen des bösen Geistes? Bin ich anfällig für – spirituelle – Schmeichelei? Wo ist meine Achillesferse? Was könnte mir helfen, besser zu widerstehen?

»Sünde« ist immer sinnlich *und* geistig. Leicht fällt der böse Geist über die Sinne in die Seele ein und verführt sie zu seinen Absichten. Die geistige Sünde ist die subtilere, sie ist schwerer zu durchschauen und zu bekämpfen. Und doch ist sie meist die Wurzel des Übels. Noch einmal: Weder sind die Triebe in sich böse noch ist ihre Befriedigung verwerflich; sie führen mich jedoch dann zum Bösen, wenn ich sie so befriedige, dass sie mich in meinem Ich einschließen und von Gott und den Menschen wegführen. Der Trick des Teufels besteht gerade darin, mich mit Phantasien von in sich guten Dingen auf versteckte Weise zu Bösem hinzuziehen.

Jesus antwortet auf den Teufel mit Schriftworten, die jeweils auf Gott und sein Gnadenwirken hinweisen. Ich kann mich fragen, ob ich die Entschlossenheit und Kraft habe, gegen alle Verführungen immer wieder zu Gott zurückzukehren, um bei ihm die Erfüllung meiner Leere zu suchen, seine Größe und Macht anzuerkennen, ihm die Ehre zu geben. Ich werde feststellen, dass ich in dieser Rückkehr schwach bin. Diese Entdeckung macht mich demütig. Ich werde Gott darum bitten, dass er selbst in mir diese Entschlossenheit und Kraft zur Umkehr wirke.

In der Wüste muss Jesus mit dem Teufel kämpfen. Unsere Bekehrung geschieht, indem wir unsere innere Unordnung und Unreinheit aushalten und bekämpfen. Jesus »begegnet« in der Wüste wohl nicht direkt Gott, und außerordentliche spirituelle Erfahrungen werden nicht berichtet. Aber er hält sich selbst aus und seine Schwachheit und Versuchbarkeit. Er hält sich Gott hin. »Gereinigt« wird er nicht dadurch, dass er selbst etwas tun würde, sondern passiv: In der Stille wirkt Gottes Geist an ihm und in ihm. Das verschafft ihm die Ruhe und die Kraft, mit denen er seinen Auftrag für die Menschen besser erfüllen kann.

Weitere Schriftstellen

2 Samuel 11,1–27	David verführt Batseba, die Frau des Hethiters Urija
Psalm 51	»Erschaffe mir, Gott, ein reines Herz«

Pharisäer und Zöllner
Lukas 18,9–14

9 Einigen, die von ihrer eigenen Gerechtigkeit überzeugt waren und die
anderen verachteten, erzählte Jesus dieses Beispiel: 10 Zwei Männer
gingen zum Tempel hinauf, um zu beten; der eine war ein Pharisäer,
der andere ein Zöllner. 11 Der Pharisäer stellte sich hin und sprach leise
dieses Gebet: Gott, ich danke dir, dass ich nicht wie die anderen Men-
schen bin, die Räuber, Betrüger, Ehebrecher oder auch wie dieser Zöll-
ner dort. 12 Ich faste zweimal in der Woche und gebe dem Tempel den
zehnten Teil meines ganzen Einkommens. 13 Der Zöllner aber blieb
ganz hinten stehen und wagte nicht einmal, seine Augen zum Himmel
zu erheben, sondern schlug sich an die Brust und betete: Gott, sei mir
Sünder gnädig! 14 Ich sage euch: Dieser kehrte als Gerechter nach
Hause zurück, der andere nicht. Denn wer sich selbst erhöht, wird
erniedrigt, wer sich aber selbst erniedrigt, wird erhöht werden.

Hinführung

Der Evangelist berichtet eigens, wem Jesus dieses »Beispiel« erzählt: »einigen«, die selbstgerecht sind und andere verachten. Will er diese bloßstellen, gar verächtlich machen? Die Frage ist insofern zu bejahen, als Jesus sich vor keiner Provokation scheut, welche die Bosheit und das Unrecht anprangert. »Pharisäer« – und nicht nur sie – werden durch diese Beispielerzählung tief getroffen. Verächtlich machen will Jesus die Selbstgerechten jedoch sicher nicht, denn sonst würde er mit dem

Beispiel sich selbst treffen. Aber er fordert sie in aller Schärfe zur Umkehr auf.

Wer sind die beiden Männer, die zum persönlichen Gebet den Tempel aufsuchen? Der Pharisäer gehört jener Gruppe von Juden an, die durch treuen Gesetzesgehorsam versuchen, gut und Gott gefällig zu leben. Er ist, wenn man die Analogie zu heute nicht scheut, der brave Bürger und Kirchgänger, der sich persönlich engagiert und immer religiös und sozial vorbildlich lebt. Ein Pharisäer ist also *ein selbstloser und guter Mensch* – ohne Ironie sei das gesagt. Auf Menschen wie ihn baut ein Staats- und Kirchenwesen auf. Er lebt alle die Tugenden, die wir seit Kindheit und zurecht verinnerlicht haben, auch wenn wir sie vielleicht nicht so gut leben wie er! Nun betet er, indem er Gott seine pflichtgemäß erbrachten guten Taten aufzählt. Kann er nicht zufrieden mit sich sein? Liegt er mit seiner Selbsteinschätzung etwa nicht richtig? Kann er nicht stolz auf sich sein? Ist er nicht tatsächlich *besser* als jener andere?

Der Zöllner gehört zu jenen Juden, die den Römern, der feindlichen Besatzungsmacht, helfen, blutig und grausam das Land auszubeuten. Als Zolleintreiber saugen sie die einfachen und armen Leute – darunter viele Pharisäer! – zugunsten der fremden Großmacht aus. Sie sind Kollaborateure des politischen und religiösen Erzfeinds, und durch ihre Anteile an dem eingetriebenen Geld bereichern sie schamlos sich selbst. Zöllner sind im eigenen Volk eine verhasste Gruppe. Darin vergleichbar sind sie heute nur mit öffentlich bekannten mittleren oder größeren Kriminellen. Der Zöllner ist also *ein egoistischer und böser Mensch* – nüchtern und direkt sei das gesagt. Nun betet er, indem er hinten im Tempel stehen bleibt und mit gesenktem Blick Gott um Gnade und Vergebung seiner Sünden bittet. Etwas muss in ihm schon geschehen sein: Wenigstens anfänglich hat er sein verwerfliches Tun eingesehen und ist darüber erschreckt. Tief ist in ihm etwas aufgerührt, und er spürt, wie er sein Leben im Grund verwirkt hat. Er will wohl von seinem Tun lassen, schafft es aber vielleicht in jenem Moment noch nicht. Voller Scham erkennt er, dass er sich vor Gott, das heißt im Tempel, kaum blicken lassen darf, aber doch allein von Gott her eine letzte Chance besteht, aus dieser Situation herauszukommen. In einem absoluten Sinn braucht er Gottes Erbarmen, sein Verzeihen, seine Gnade.

In der biblischen Sprache meint »gerecht«, Gott zu gefallen, seinen Willen zu erfüllen, von Gott geliebt und im Gericht gerettet zu werden. Jesus lobt nun den Zöllner als »gerecht«, hingegen sei der Pharisäer nicht gerecht. Jesus stellt damit das Weltbild seiner Zuhörer auf den Kopf! Der *gute* Pharisäer galt ja als gerecht, der *böse* Zöllner gerade nicht! Wie kommt Jesus auf eine solche absurd erscheinende Bewertung?

Der Pharisäer ist ein Mensch, der sich in seinen perfekt ausgeführten Frömmigkeitsübungen letztlich Gott gegenüber verschließt. Er fühlt sich aus einer moralisch anerkannten Leistung heraus »gerecht«. Er hat sich selbst gerecht gemacht, ist also in diesem Sinn selbstgerecht; einen Gott braucht er nicht mehr, um gerecht zu werden. Sein Gebet ist eigentlich unnötig, denn er will gar nichts von Gott! Was er ihm vorrechnet, weiß dieser ja längst. Er sucht im Tempel nicht *Gott*, sondern einen moralischen Buchhalter. Auch sein Beten ist bloße äußere Pflichterfüllung, nochmals aufrechenbare Leistung. Für seine mögliche Schwäche oder Verfehlung hat er keinerlei Gespür. Er geht damit einer Wahrheit seines Lebens aus dem Weg. Und er vergleicht sich gerne, hält sich für *besser* als andere – worin er ja Recht hat! Aber diese an sich richtige Sicht verführt ihn dazu, den anderen zu verachten und selbst mächtig stolz zu werden. Sein Herz ist von Hochmut vergiftet. Wer Gott hochmütig begegnet und sein Erbarmen verschmäht, kann nicht mehr »gerecht« vor ihm sein.

Der Zöllner hingegen kommt mit schamrotem Gesicht und zerknirschtem Herzen, weil er seine – in der Tat große – Sünde eingesehen hat. Er wirft sich in die Arme Gottes. Er sucht nicht eine moralische Instanz, die ihn ja nur verurteilen müsste, sondern *Gott*. Von sich her lebt er nicht »gerecht«. Er *braucht* Gott und sein Erbarmen, um gerecht werden und überhaupt weiterleben zu können. Er vertraut darauf, dass Gott ihn in seiner unbegreiflichen Liebe gerecht machen wird. Vielleicht war die Sünde notwendig, damit er sich auf Gott wirft und so Gott seine Gnade wirken kann. Seine Schuld wird so zur *felix culpa*, zur »glücklichen Schuld« – wie sie die Liturgie im großen Lobpreis der Osternacht besingt. Der Zöllner vergleicht sich nicht mit anderen, denn hier steht seine Existenz vor Gott auf dem Spiel, und alles andere verblasst daneben. Was macht ihn in den Augen Jesu »gerecht«? In ihm hat ein innerer Prozess begonnen. Etwas ist schmerzhaft aufgebrochen, Energien fließen, seine Gefühlswelt ist in Aufruhr, er ist mit Gott in eine wahrhaftige, lebendige und ihn umwälzenden Beziehung eingetreten. Durch diesen Prozess kann Gott an ihm wirken, ihn heilen, ihn *gerecht machen*. Jesus nennt den Zöllner gerecht, insofern er mit Gott *in Beziehung* ist und durch ihn gerecht *wird*. Der Pharisäer hingegen kann nicht gerecht werden, weil er mit Gott nicht in Beziehung ist.

Eine große Gefahr des religiösen Menschen ist es, als Gegenteil der Sünde die Tugend anzusehen. Doch der nur tugendhafte Pharisäer ist eben noch nicht gerecht. Das Gegenteil von Sünde ist Gnade: *Gott* wirkt im Sünder vergebend, heilend und aufbauend. Wir brauchen eine radikal ehrliche, Verfehlungen eingestehende, lebenssprühende *Beziehung* zu Gott. Nur das ist Glaube. Nur das macht gerecht.

Fragen und Hinweise

In dieser Übung sollte ich mich nicht nur mit einem der beiden Beter identifizieren, sondern prüfen, wo ich Anteile beider in meinem Leben wiederfinde. Die Übung kann mich zu einer Gewissenserforschung führen und mir zu echter Umkehr verhelfen.

Wo bin ich selbstgerecht, auf mein religiöses oder soziales Gutsein stolz? Brauche ich »Gott« zur Selbstbestätigung, oder brauche ich den wirklichen, lebendigen, barmherzigen *Gott?* Bete ich aus meiner oft hässlichen Wahrheit heraus, oder rechne ich Gott nur irgend etwas vor? Wo meine ich, mir mit meinem Perfektsein die »Gerechtigkeit« verdient zu haben? Meine ich, immer wieder etwas leisten zu müssen, um mir die Anerkennung anderer zu sichern? Schaue ich auf andere herab? Muss ich vor meinem inneren Auge andere klein machen, sie hinunter drücken, um mir selbst etwas Größe zu verschaffen? Nähre ich in mir religiöse Heldenphantasien? Urteile ich so, dass ich die Fehler der anderen mit Leidenschaft und Genuss bloßlege, meine eigenen jedoch großzügig übersehe? Pflege ich jene heuchlerische Dankbarkeit dafür, *besser* als andere zu sein? Trete ich beim Kirchgang gerne vorne auf, damit ich im Rampenlicht stehe und bewundert werde? Oder suche ich umgekehrt in gespielter Demut zwar einen hinteren Platz, jedoch nur, um dafür beachtet zu werden oder um die »Heuchler« auf den vorderen Plätzen verachten zu können? Suche ich zu Gott eine Beziehung, die mich auch hinterfragen und *verändern* darf? Ich spüre dem oft sehr subtilen Pharisäismus in meinem Herzen nach und bitte Gott um die Gnade wahrer Umkehr.

Wo war ich egoistisch, habe um meines Vorteils willen und zum Nachteil anderer am Unrecht teil gehabt? Wo gibt es in meiner Seele Bezirke echter Bosheit, wirklicher Sünde? Bin ich bereit, diese geheimen Gärten, die ich ja so gut hüte und pflege, aufzugeben, auch auf Kosten persönlicher Vorteile? Lasse ich Gott wirklich dort hinein? Kann ich über meine Sünde Reue und Scham empfinden? Bekenne ich mich als im Grunde verkorksten und armseligen Charakter? Werfe ich mich mit meinen Verfehlungen ganz in den Abgrund Gottes? Weiß ich im Herzen, dass ich Gottes Erbarmen brauche, oder meine ich, mich am eigenen Schopf – durch moralische Leistung – aus dem Sumpf ziehen zu können? Bin ich bei öffentlichen Versammlungen bescheiden, so dass ich aus echter – nicht gespielter – Demut einen hinteren Platz einnehme? Kann ich mich im Herzen soweit öffnen, dass ich die Gnade Gottes für mich armen Sünder, mich arme Sünderin erflehe? Will ich ehrlich umkehren und neu anfangen? Vielleicht entdecke ich, dass mein Herz verhärtet ist und gar nicht umkehren will. Vielleicht ist die erste zu erbittende Gnade, dass ich mich für Böses schämen lerne. Ich spüre dem Zöllner in mir nach und bete, dass ich meine Sünde erkenne, sie bereue, mir die Vergebung geschenkt werde und ich entschlossen mein Leben ändere.

Wir brauchen nicht perfekt zu sein. Wir brauchen nicht soviel *Gutes zu tun*, sondern nur Gottes Erbarmen in uns eindringen zu lassen. Wir sollen nicht soviel leisten, sondern umkehren; uns nicht mit anderen vergleichen, sondern allein vor Gott ehrlich beten. Wir sollen uns über andere nicht erheben und sie nicht verachten; unseren Egoismus und unsere Verfehlungen immer wieder Gott hinhalten; darum beten, dass Gott uns Sündern gnädig sei.

Weitere Schriftstellen

Matthäus 9,9–13	Berufung eines Zöllners und Mahl mit Sündern
Psalm 130	»Aus der Tiefe rufe ich, Herr, zu dir ...«

Petrus verleugnet Jesus

Lukas 22,54–62

54 Darauf nahmen sie ihn fest, führten ihn ab und brachten ihn in das
Haus des Hohenpriesters. Petrus folgte von weitem. 55 Mitten im Hof
hatte man ein Feuer angezündet und Petrus setzte sich zu den Leuten,
die dort beieinandersaßen. 56 Eine Magd sah ihn am Feuer sitzen,
schaute ihn genau an und sagte: Der war auch mit ihm zusammen.
57 Petrus aber leugnete es und sagte: Frau, ich kenne ihn nicht. 58 Kurz
danach sah ihn ein anderer und bemerkte: Du gehörst auch zu ihnen.
Petrus aber sagte: Nein, Mensch, ich nicht! 59 Etwa eine Stunde später
behauptete wieder einer: Wahrhaftig, der war auch mit ihm zusam-
men; er ist doch auch ein Galiläer. 60 Petrus aber erwiderte: Mensch,
ich weiß nicht, wovon du sprichst. Im gleichen Augenblick, noch wäh-
rend er redete, krähte ein Hahn. 61 Da wandte sich der Herr um und
blickte Petrus an. Und Petrus erinnerte sich an das, was der Herr zu
ihm gesagt hatte: Ehe heute der Hahn kräht, wirst du mich dreimal
verleugnen. 62 Und er ging hinaus und weinte bitterlich.

Hinführung

Petrus ist ein enger und treuer Freund Jesu. Lange Zeit geht er mit Jesus durch dick und dünn. Als sich Jesus hinauf nach Jerusalem begibt, formiert sich immer heftigerer Widerstand gegen ihn. Allen in der Gruppe um Jesus ist deutlich, dass die Stunde der Entscheidung naht und dass die mächtigen Gegner den Meister vermutlich umbringen werden. Aber Jesus bleibt sich treu und geht unbeirrbar und todesmutig diesen letzten Weg. Beim Abschiedsmahl ist Jesus und mit ihm die ganze Gruppe in Trauerstimmung. Jesus kündigt schon an, was auf ihn zukommt. Er kündigt auch an, dass Petrus ihn vor dem ersten Hahnenschrei dreimal verleugnen wird, was dieser – wie immer ein wenig großspurig – vehement zurückweist (Lk 22,33–34).

In der Nacht wird Jesus verhaftet. Nun soll ihm vor dem Hohenpriester der Prozess gemacht werden. In einem Hof hat er zu warten, alle

Jünger sind verschwunden. Nur Petrus ist Jesus nachgeschlichen, hält sich aber in sicherer Entfernung. In einem Vorhof wärmen sich einige Leute an einem Feuer. Petrus mischt sich anonym unter die Menge. Er versucht wohl herauszubringen, was nun mit Jesus passieren soll. Von fern sieht er Jesus, umringt von den Schergen. Was mag Petrus in dieser Stunde empfinden? Sicher wird er von abgründigem Zweifel und kalter Angst gepeinigt. Auf den Rabbi aus Nazareth hat er sein Leben gebaut. Wenn Jesus nun umgebracht wird, geht auch sein Lebensentwurf unter, seine tiefste Hoffnung ist gescheitert, seine Sehnsucht dahin. Die Situation im Hof ist für Petrus höchst gefährlich: Schon Jesus wird kaum mehr zu retten sein. Er, Petrus, findet es sehr mutig, seinem Meister aus Treue soweit nachzugehen. Wenn man ihn als Anhänger Jesu erkennt, wird man ihn dann gleich mit umbringen?

Nun wird er auf Jesus angesprochen. Welch ein Schreck muss ihm in die Glieder fahren! Todesangst überfällt ihn. Aus tiefstem Herzen kommt sein Stammeln: Nein, ich kenne diesen Menschen nicht. Dreimal wird er angesprochen, dreimal dieselbe Reaktion. Beim dritten Mal will er endgültig von diesem lebensgefährlichen Verdacht freikommen: Er verflucht sich und schwört, Jesus nicht zu kennen – nur Markus und Matthäus berichten davon. Die Frager nehmen ihm seine Leugnung ab, die Gefahr ist vorüber. Ein Stein fällt ihm vom Herzen.

Da kräht der Hahn. Wie ein Schwert durchbohrt sein Schrei Petrus' Herz. Hat ihm Jesus nicht genau diesen Verrat prophezeit? Und was war mit seiner großspurigen, hochmütigen Zurückweisung? Quer über den Hof trifft ihn Jesu Blick. Was will dieser Blick ausdrücken? Abgrundtiefe Enttäuschung und Wut, Verletztheit und Kränkung, oder auch schon Nachsicht und Verständnis, Güte und Verzeihen – oder all das zugleich? Wir wissen es nicht, können jedoch diesen Blick Jesu in all seiner emotionalen Kraft auf uns wirken lassen. Jesus kennt Petrus nur zu gut: seinen Überschwang und seine Begeisterung, seinen Wankelmut und seine Feigheit, seine großen Worte und seine Ängstlichkeit. In dieser Stunde der Bewährung hat Petrus völlig versagt, und diese Erkenntnis schmettert ihn nieder.

Petrus' Worte sind für Jesus ein Schlag, härter zu ertragen als jeder körperliche Schlag. Petrus muss erkennen, dass er mit diesen Worten selbst zur Vernichtung des Meisters beiträgt. Worte können töten. Der Blick Jesu enthüllt ihm diese grausame Wahrheit! Und dennoch teilt Jesu Blick Petrus noch etwas anderes mit, etwas, das Worte nicht zum Ausdruck bringen können: Zuwendung, Vergebung, Liebe. Ein Blick kann aufwühlen, entlarven, verstören und *gleichzeitig* heilen und retten. Jesu Blick muss für Petrus äußerst schmerzhaft sein und doch zugleich eine befreiende Wahrheit enthalten.

Die Angst schmilzt ihm weg. Heiß läuft ihm Scham über den Rücken. Sein so heldenhaftes Mitgehen bis in den Vorhof des Hohepriesters war zu schmählichem Versagen umgekippt. Je höher die Ambition, desto tiefer der Fall. Nun muss er den Ort der Schmach fliehen und seinen Tränen freien Lauf lassen. Sind es nur Tränen der Scham und Bitterkeit, oder kann sich in diesen Tränen auch seine Erstarrung zu lösen beginnen, kann er Jesu Erbarmen spüren? Petrus ist immerhin – bei aller fast kindhaften Selbstüberschätzung – ein Mann, der *weinen* und dadurch sein Versagen betrauern, Schmerzhaftes verarbeiten kann. Wenige Tage später ist er so gelöst und offen, dass er die Osterbotschaft als erster der Jünger Jesu zumindest anfanghaft glauben kann (Lk 24,12) und in der Folgezeit zum großen Apostel wird.

Fragen und Hinweise

Gebe ich mich gern großspurig und heldenhaft? Neige ich zu Bekenntnissen, zu denen ich nicht stehen, und zu Versprechen, die ich nicht halten kann? Bin ich unzuverlässig in Beziehungen? Reagiere ich bisweilen zu sehr »aus dem Bauch heraus«? Setze ich mich gern vor anderen in Szene? Schleiche ich mich bei Gefahr – vielleicht aus bloßer Neugierde – heimlich und hinterrücks heran, ohne ein Risiko eingehen zu wollen? Bleibe ich gern anonym, wenn die Situation brenzlig wird?

Und wenn ich direkt Farbe bekennen soll: Neige ich zum Heimlichen, zur Feigheit, zur Lüge? Stehe ich vor Gegnern meines Glaubenswegs zu dem, was mir wichtig ist? Lasse ich mich von meiner Angst um mich selbst leiten? Wie gehe ich mit der Wahrheit um? Biege ich sie manchmal zurecht, um meine Haut zu retten? Weiß ich, dass Worte –

vor allem feige, gelogene Worte – töten können? Bin ich in freundschaftlichen oder familiären Beziehungen untreu?

Kann ich mein Versagen eingestehen, meiner schrecklichen Lüge ins Gesicht schauen? Höre ich den Hahnenschrei, der mich an meine nicht eingehaltenen Versprechen erinnert? Lasse ich mich von einem Blick, wie Petrus ihn von Jesus empfängt, in der Seele treffen? Oder höre und schaue ich lieber weg, verdränge meine Scham, suche eine rationale Erklärung, mit der ich mich vor meinem Gewissen rechtfertige? Kann ich weinen und trauern über mich selbst? Kann ich eine solche Erniedrigung zuinnerst durchleiden und daran wachsen? Stehe ich zu meiner Ängstlichkeit und Feigheit, zu meinen infantilen und unreifen Zügen und dazu, dass ich das Erbarmen und die Hilfe Gottes brauche?

Nun gibt es einen Einwand gegen einen solchen inneren Weg: In der modernen Welt wird von uns Leistung erwartet. Oft ist das von uns selbst angestrebte Maß an Wahrhaftigkeit und Treue oder gar an Scham und Reue nicht möglich. Ständig müssen wir funktionieren, stark sein, dürfen Fehler nicht eingestehen! Ist das Ideal der Treue, das an Petrus gestellt wird, nicht zu hoch? Hier gilt es, sorgsam die Geister zu unterscheiden: Diese Übung über den Verrat des Petrus soll uns nicht nochmals unter Druck setzen, so dass wir uns im Alltag überfordern und letztlich uns und anderen schaden. Öfter werden wir uns – gegen unser eigenes Herz – zu schmerzhaften Kompromissen durchringen und zu diesen ein tiefes und *demütiges* Ja sprechen müssen. Die Geschichte vom Verrat des Petrus handelt von einer intensiven Freundschaft und hinterfragt unser Verhalten vor allem in menschlichen Beziehungen. Und sie fordert uns radikal in unserer Gottesbeziehung heraus: Sind wir darin treu und wahrhaftig? Stehen wir wenigstens vor Gott zu unserem Versagen? Können wir uns schämen und unsere Schwäche beweinen? Lassen wir uns von Gott Barmherzigkeit schenken?

Vielleicht entdecke ich bei der Übung, dass ich ein steinernes Herz habe, welches weder Scham noch Reue empfindet. Vielleicht kann ich gerade eben ahnen, dass sich irgendwo in meinem Leben die Unwahrheit oder die Untreue eingenistet haben, muss aber wahrnehmen, dass ich trotz allen Bemühens unfähig bin, dies als Fehler zu sehen und darüber zu erschrecken. Was kann ich tun? Ich versuche, nun nochmals einen Schritt hinter mich zurückzutreten und mich dann zu fragen, ob ich nicht doch in einem Winkel meines Herzens eine Sehnsucht nach mehr Wahrhaftigkeit, Treue, Geradheit und Offenheit spüre. Dieser Sehnsucht kann ich nachspüren; ich werde sie nähren und wachsen lassen. Nach einiger Zeit werde ich einen Ort finden, wo ich einen kleinen konkreten Schritt gehen kann. Er wird mich Überwindung kosten und schmerzen, dann jedoch befreien und trösten. Um ihn tatsächlich zu gehen, benötige ich Entschlossenheit und die Hilfe Gottes.

Ich bete um Treue im Kleinen und im Großen. Ich bete um Erkenntnis meiner Verfehlungen, um ein offenes Herz, um Scham und Reue. Ich bete um Mut zur Wahrheit. Ich bete um den offenen, klaren, heilenden Blick des Herrn und darum, diesen zu sehen und anzunehmen. Ich bete darum, die Barmherzigkeit Gottes zu erfahren und in ihr geläutert zu werden.

Weitere Schriftstellen

Numeri 22,22–35	Der ungehorsame Bileam wird von seiner Eselin geführt
Psalm 139	»Du hast mich erforscht, und du kennst mich«

Klage gegen Gott
Psalm 42/43

Psalm 42
1 [Für den Chormeister. Ein Weisheitslied der Korachiter.] 2 Wie der
Hirsch lechzt nach frischem Wasser, / so lechzt meine Seele, Gott, nach
dir. 3 Meine Seele dürstet nach Gott, / nach dem lebendigen Gott.
Wann darf ich kommen / und Gottes Antlitz schauen? 4 Tränen waren
mein Brot bei Tag und bei Nacht; / denn man sagt zu mir den ganzen
Tag: / «Wo ist nun dein Gott?« 5 Das Herz geht mir über, wenn ich daran
denke: / wie ich zum Haus Gottes zog in festlicher Schar, / mit Jubel und
Dank in feiernder Menge. 6 Meine Seele, warum bist du betrübt / und
bist so unruhig in mir? Harre auf Gott; denn ich werde ihm noch dan-
ken, / meinem Gott und Retter, auf den ich schaue. 7 Betrübt ist meine
Seele in mir, darum denke ich an dich / im Jordanland, am Hermon, am
Mizar-Berg. 8 Flut ruft der Flut zu beim Tosen deiner Wasser, / all deine
Wellen und Wogen gehen über mich hin. 9 Bei Tag schenke der Herr
seine Huld; / ich singe ihm nachts und flehe zum Gott meines Lebens.
10 Ich sage zu Gott, meinem Fels: / «Warum hast du mich vergessen?
Warum muss ich trauernd umhergehen, / von meinem Feind be-
drängt?» 11 Wie ein Stechen in meinen Gliedern / ist für mich der Hohn
der Bedränger; denn sie rufen mir ständig zu: / «Wo ist nun dein Gott?«
12 Meine Seele, warum bist du betrübt / und bist so unruhig in mir?
Harre auf Gott; denn ich werde ihm noch danken, / meinem Gott und
Retter, auf den ich schaue.

Psalm 43
1 Verschaff mir Recht, o Gott, / und führe meine Sache gegen ein treu-
loses Volk! / Rette mich vor bösen und tückischen Menschen! 2 Denn du
bist mein starker Gott. / Warum hast du mich verstoßen? Warum muss
ich trauernd umhergehen, / von meinem Feind bedrängt? 3 Sende dein
Licht und deine Wahrheit, / damit sie mich leiten; sie sollen mich füh-
ren zu deinem heiligen Berg / und zu deiner Wohnung. 4 So will ich zum
Altar Gottes treten, zum Gott meiner Freude. / Jauchzend will ich dich
auf der Harfe loben, / Gott, mein Gott. 5 Meine Seele, warum bist du

betrübt / und bist so unruhig in mir? Harre auf Gott; denn ich werde ihm noch danken, / meinem Gott und Retter, auf den ich schaue.

Hinführung

Die Psalmen 42 und 43 sind ursprünglich ein einziger Psalm. Darauf deutet hin, dass sie formal ähnlich sind, Ps 43 keine neue Überschrift hat und der Refrain sich wiederholt. Ps 42 drückt eher die Klage aus, Ps 43 die daraus folgende Bitte. Entstanden ist der Psalm wohl bald nach dem babylonischen Exil der Israeliten, also ab Ende des 6. Jahrhunderts vor Christus. Nicht alle Verse sind für die Betrachtung gleich ergiebig. Wir dürfen uns auf diejenigen konzentrieren, die uns ansprechen.

Die erste Strophe umschreibt mit einem ausdrucksstarken Bild die Sehnsucht der Seele nach Gott: Während der Trockenzeit schreit in einem ausgedörrten Wüstental eine Hirschkuh nach Wasser. Man kann die Qual und Verzweiflung dieser eigentlich starken und stolzen, nun armseligen und siechen Kreatur leicht nachempfinden. Wie diese Kuh leidet die Seele des Beters unter Leere, Ausgebranntsein, schrecklicher Gottferne. Sie will »Gott schauen« und ihm direkt begegnen. Davon erhofft sie Erfüllung und Freude. Offensichtlich versuchte der Beter des Psalms über lange Zeit vergeblich, Gott zu sehen. Nun bleiben ihm nur noch Verzweiflung, Klage, hemmungsloses Weinen (V. 4). Noch größer wird sein Leid durch den Hohn der Spötter, die sich über denjenigen lustig machen, der seinen Trost im Glauben sucht.

Der Beter erinnert sich (V. 5), wie er zu früherer Zeit im Tempel Freude und Trost erlebte. Die freudig-schmerzhafte Erinnerung lässt ihm das Herz überfließen. Er wünscht sich nichts sehnlicher, als wieder im Tempel zu sein und dort Gott zu erfahren. Jetzt wäre für ihn die festliche Liturgie in großer Gemeinde, wie für religiöse Menschen aller Zeiten, ein unvergessliches beglückendes Erlebnis.

Refrainartig wiederholt der Beter seine Klage (42,6.12; 43,5): Ohne Gott ist seine Seele betrübt und unruhig. Die Warum-Frage stellt er immer wieder; sie findet keine Antwort, was ihn in nochmals tiefere Klage stürzt. Ihm bleibt nur ein verstummendes »Harren« auf Gott, ein Warten ohne Klarheit über das Erwartete. Er schaut weiter nach Gott in der Hoffnung, ihm einst wieder danken zu können, aber dieses Schauen bleibt unerfüllt. Die innere Unruhe ist klares Kennzeichen unerfüllter Gottsuche. Nur der kann die Unruhe nachempfinden, der wirklich in aller Ehrlichkeit Gott gesucht hat. Wer Gott schon einmal erahnt hat, lässt sich nicht mehr mit Mitteln des Ruhigstellens abspeisen. Wir erinnern uns an das Wort Augustins: »Unruhig ist unser Herz, bis es Ruhe findet in dir.«

Die zweite Strophe (ab V. 7) verschärft die Klage. Wieder ist die Rede von der Betrübnis des Beters. Als Bild spricht der Psalm diesmal von Wogen, die über ihm zusammenschlagen. Wieder stellt er die Warum-Frage, wieder bleibt sie ohne Antwort. Der Beter fühlt sich von Gott vergessen. Er muss trauern und sieht sich von Feinden aufs Äußerste bedrängt. Der Spottruf der Atheisten sticht ihm ins Herz und nährt auch seine Glaubenszweifel. Der Refrain wirkt wie ein letztes Verzweiflungsgebet, das er einfach dahersagt, vielleicht ohne so recht daran zu glauben. Und doch ist es sein letzter Rettungsanker, einen anderen gibt es nicht.

Die dritte Strophe (Ps 43) führt die Klage weiter und lässt sie in flehendes Bitten münden. Gott möge ihn, den Beter, wenigstens vor bösen Menschen retten. Wiederum erhofft er sich, mit Gottes Hilfe zum Zion und in den Tempel zu gelangen und so gerettet zu werden (V. 3–4). Er ist sicher, beim Altar Gott zu finden, denn der Altar garantiert für ihn die Gegenwart und Erfahrbarkeit Gottes. Er verspricht, Gott dort von Neuem zu loben. Diese Verse sind aus Hoffnung gesprochen. Doch für den Augenblick bleibt er ohne Trost, was er durch den nochmals gesprochenen Refrain ausdrückt.

Fragen und Hinweise

Bisweilen spüren wir im Alltag eine Gottferne, wie der Psalmist sie ausdrückt. Ich kann die Verse einzeln durchgehen und bei denen verweilen, die in meiner Seele einen Widerhall finden. Ich kann sie mehrfach sprechen und aus meinem Herzen zu Gott aufsteigen lassen. Es ist tröstlich, dass der Psalmist so direkt und klar seine Nöte ausspricht. Er tut nicht fromm und redet alles irgendwie schön, sondern schleudert Gott rücksichtslos seine Verzweiflung und Klage hin. Er hat eine direkte und ehrliche Beziehung zu ihm, macht Vorwürfe, stellt kritische und bohrende Fragen, lässt sich nicht mit billigen Antworten abspeisen, klagt und schimpft. Und Gott nimmt das hin! Wir dürfen sogar erwarten, dass Gott solches Beten schätzt, denn es nimmt ihn und seine Verheißungen ernst. Es deckt Schwierigkeiten nicht zu, sondern ist wahrhaftig und offen.

Ich kann mich fragen: Empfinde ich wirklichen Durst nach Gott? Oder decke ich meine Sehnsucht zu, lenke mich ab, laufe davon? Lasse ich mich durch Spott oder Kritik von meinem Weg abbringen? Pflege ich die Erinnerung an frühere religiöse Erlebnisse und klage sie bei Gott wieder ein? Glaube ich noch daran, im Tempel – beim Altar! – Gott begegnen zu können? Nehme ich meine innere Unruhe wahr, und erwarte ich mir Hilfe von Gott? Kann ich mich der Warum-Frage stellen, auch wenn sie lange ohne Antwort bleibt? Harre ich auf Gott, rechne ich damit, ihm einst wieder danken zu können? Akzeptiere ich Momente der Not, in denen ich nur auf Hoffnung hin lebe? Oder suche ich immer die schnelle Befriedigung meiner Bedürfnisse? Trage ich meine Not als Bitte vor den Herrn? Was ist heute meine tiefste und ehrlichste Sehnsucht und Bitte?

Vielleicht entdecke ich, dass ich überhaupt keine Sehnsucht in mir trage und von Gott im Grunde gar nichts mehr erwarte. In diesem Fall kann ich hinter mich zurücktreten und mich fragen, ob ich nicht dennoch irgendwo eine Sehnsucht nach der Sehnsucht verspüre. In einem vielleicht recht versteckten Winkel meines Herzens gibt es diesen Durstschrei der Hirschkuh im Trockental! Ich soll ihm Raum geben, denn er allein führt mich zum wahren Leben.

Wer sich auf den Weg macht, intensiv Gott zu suchen, wird wahrscheinlich recht bald Phasen erleben, wie Ps 42/43 sie drastisch beschreibt. In der spirituellen Tradition, vor allem von Ignatius von Loyola her, nennt man sie »Trostlosigkeit«. Wenn man sich mit seiner Schuld und seinen Ängsten, seinen Schatten und allem Dunkel vor Gott stellt, kann es leicht passieren, dass man in Trostlosigkeit fällt. Ignatius beschreibt Trostlosigkeit als »Dunkelheit der Seele, Verwirrung in ihr, Regung zu niederen und irdischen Dingen, Unruhe von verschiedenen Bewegungen, und Versuchungen, die zu Unglauben bewegen, ohne Hoffnung, ohne Liebe, wobei sich die Seele ganz träge, lau, traurig und wie von ihrem Schöpfer und Herrn getrennt findet«.

In Trostlosigkeit versuche ich verzweifelt zu beten, aber es kommt nur Trockenheit, Frustration, Zerstreuung, Leere. Die Beziehung zu Gott ist wie abgewürgt. Ich kann auch nicht weinen oder mich ärgern, ich habe gar keine Gefühle mehr, kann nur dumpf ins Leere starren. Auch verstehe ich nichts mehr, sehe folglich keinen Sinn im Gebet. Ich quäle mich mit der Frage nach dem Warum all dessen ab – ohne Ergebnis. Ich bin versucht, mich durch Phantasien, Konsum oder Drogen ablenken zu lassen. Ich will alles als sinnlos hinwerfen und weglaufen. Gäbe es nicht Sinnvolleres zu tun?! Und die Spötter, die schnell zur Stelle sind und mich bei meiner Ehre packen, vermehren die Frustration ...

Phasen der Trostlosigkeit und Gottferne werden manchmal durch äußere Ereignisse ausgelöst, durch ein schockierendes Erlebnis, durch Trauer oder Ärger, durch ein Unglück. Manchmal überfallen sie uns ohne erkennbaren Grund. Sie haben keinen erkennbaren Sinn. Sie werden uns von Gott zugemutet, vielleicht, weil er uns prüfen will oder weil wir nachlässig waren. Aber auch diese Erklärungsversuche befriedigen nicht, vor allem dann nicht, wenn wir in der Trostlosigkeit stecken. Ein ehrliches Klagen und Flehen kann schon manches lösen. Darüber hinaus bleibt nur, auszuharren wie der Psalmist. Man kann sich an frühere Hoch-Zeiten erinnern und hoffen und beten, dass trostvollere Phasen kommen werden.

Trostlosigkeit hat in uns eine Wirkung! Wenn wir sie ehrlich annehmen, durchleiden und durchbeten, löst sich indirekt und unmerklich etwas. Trostlosigkeit reinigt und heilt, auch wenn man den gegenteiligen Eindruck hat! Wir sind eingeladen, in Treue solche Zeiten durchzuhalten und darauf zu vertrauen, dass Gott etwas Rechtes daraus machen und uns wieder heraus führen wird ...

Weitere Schriftstellen

Römer 8,31–39	»Was kann uns scheiden von der Liebe Christi?«
Psalm 6	Flehruf in der Not

Kampf mit Gott

Genesis 32,23–32

23 In derselben Nacht stand er auf, nahm seine beiden Frauen, seine
beiden Mägde sowie seine elf Söhne und durchschritt die Furt des Jab-
bok. 24 Er nahm sie und ließ sie den Fluss überqueren. Dann schaffte er
alles hinüber, was ihm sonst noch gehörte. 25 Als nur noch er allein
zurückgeblieben war, rang mit ihm ein Mann, bis die Morgenröte
aufstieg. 26 Als der Mann sah, dass er ihm nicht beikommen konnte,
schlug er ihn aufs Hüftgelenk. Jakobs Hüftgelenk renkte sich aus, als er
mit ihm rang. 27 Der Mann sagte: Lass mich los; denn die Morgenröte
ist aufgestiegen. Jakob aber entgegnete: Ich lasse dich nicht los, wenn
du mich nicht segnest. 28 Jener fragte: Wie heißt du? Jakob, antwortete
er. 29 Da sprach der Mann: Nicht mehr Jakob wird man dich nennen,
sondern Israel (Gottesstreiter); denn mit Gott und Menschen hast du
gestritten und hast gewonnen. 30 Nun fragte Jakob: Nenne mir doch
deinen Namen! Jener entgegnete: Was fragst du mich nach meinem
Namen? Dann segnete er ihn dort. 31 Jakob gab dem Ort den Namen
Penuël (Gottesgesicht) und sagte: Ich habe Gott von Angesicht zu
Angesicht gesehen und bin doch mit dem Leben davongekommen.
32 Die Sonne schien bereits auf ihn, als er durch Penuël zog; er hinkte
an seiner Hüfte.

Hinführung

Dunkel, archaisch ist diese Geschichte aus dem Buch Genesis. Sie berührt uns unmittelbar, spricht tiefe Schichten unserer Seele an, stellt Fragen. Vieles an ihr bleibt für immer unverständlich, unerklärbar. Welcher Macht begegnet Jakob am Ufer des Jabbok? Einer Gottheit? Dieser Gott wäre dunkel, unheimlich, zugleich jedoch eigenartig vertraut, gar sympathisch?

Jakob hat viel auf dem Kerbholz. Er wird als jüngerer Zwilling seines Bruders Esau geboren. Indem er die Schwächen seines Bruders schamlos ausnutzt, erschleicht er sich die Vorrechte des Erstgeborenen (Gen

25,27–34). Dann bringt er mit einer List den blinden Vater dazu, ihm den Erstgeburtssegen zu spenden (Gen 27,1–40). Später, in der Fremde, vergrößert er trickreich seine Herden auf Kosten seines Onkels Laban (Gen 30,25–43). In diesen Angelegenheiten, die seinen sozialen und religiösen Status betreffen und damals von großer, fast mythischer Bedeutung sind, handelt er opportunistisch, habgierig, rücksichtslos, verschlagen.

Mit seiner Familie, seinem Gesinde und seinen Herden kehrt er nun in seine Heimat, das ihm zugesagte gelobte Land, zurück. Dort will er sich mit Esau versöhnen. Die Angst, dass ihm Esau aus Rache etwas antun könnte, peinigt ihn. Der Jabbok ist ein östlicher Nebenfluss des oberen Jordan, er fließt in einer tief eingeschnittenen Schlucht im Grenzgebiet. Einen Fluss zu durchqueren, ist schwierig und gefährlich; man muss schwimmen oder eine Furt durchwaten. Nach der Schrift reinigt das Durchqueren eines Flusses immer auch im religiösen Sinn: Das fließende Wasser ist Symbol dafür, dass Gott uns von Sünden reinwäscht. Wer in das gelobte Land einzieht, muss zuvor diese Reinigung vollziehen. Jakob bringt, sicher unter großen Mühen, seinen gewaltigen Tross durch den Fluss. Nun kommt die Nacht. Jakob ist müde. Als letzter will er selbst ans andere Ufer hinüber gelangen.

Ein Mann kommt auf ihn zu und ringt mit ihm. Wer ist dieser Gegner? Ein Mensch, stark und gefährlich? Ein böser Dämon? Gott selbst? Jakob wird zum Kampf nicht aufgefordert, sondern ungefragt hineingezerrt. Der Mann scheint übermächtig. Jakob hat Angst, er ringt gegen einen unbekannten, kaum sichtbaren, mysteriösen Gegner um sein Leben. Die beiden Männer sind sich lange ebenbürtig. Der Fremde wird offensichtlich schwächer, als die Morgenröte aufscheint, und Jakob gewinnt die Oberhand. Nun will er wissen, wer der geheimnisvolle Mann ist. Er hält ihn fest, will seinen Sieg auskosten. Der Schlag auf die Hüfte ist ein Zeichen für die Gewalt des Mannes. Eine Wunde bleibt zurück. Jakobs Leben hat sich verändert.

Jakob erhält von dem Unbekannten einen neuen Namen: »Israel« – »Gottesstreiter« – weist auf den hin, gegen den er gekämpft und gewonnen hat: Gott! In der biblischen Kultur ist der Name Identität, er verleiht dem, der ihn kennt, Macht über den anderen, denn er kann ihn verstehen, durchschauen, hat ihn im Griff. Deshalb wagt Jakob, den Fremden nach dessen Namen zu fragen. Er will sich dieses besiegten Gottes bemächtigen! Doch dieser gibt seinen Namen nicht preis. Gott entzieht sich dem Versuch, ihn zu begreifen.

Man kann die Geschichte psychologisch deuten: Die Schatten der Vergangenheit holen Jakob ein. Der Mann ist seine übermächtige Schuld. Indem er eine Nacht lang kämpft, »verarbeitet« er seine Schuld, arbeitet sie ab, durchleidet sie, leidet sie aus. Was nicht durchlitten wird, kann nicht geheilt werden. Die schreckliche Angst und die Einsamkeit dieses verzweifelten Kampfes muss er aushalten. Die verletzte Hüfte deutet an, dass Spuren des Kampfes das Leben lang bleiben. Seine Habgier und sein Egoismus sind geknickt, seine Eitelkeit und sein Ehrgeiz zerbrochen. Fortan muss er mit der Wunde leben, Versehrtheit akzeptieren. Aber durch den Kampf ist er so weit gereift, dass er ins gelobte Land einziehen und seinem Bruder begegnen kann.

Religiös gedeutet, sehen wir in dem unbekannten Mann Gott. Was ist das für ein Gott, der nachts hinterrücks einen Menschen überfällt und zum Kampf zwingt? Ein Gott, der zuerst unbesiegbar erscheint und dann in der Morgenröte schwach wird? Ein Gott, der den Gegner kurz vor Ende des Kampfes unheilbar verletzt, dann aber doch segnet? Ein Gott, der seinen Namen verweigert, um unerkannt, mysteriös zu bleiben? Das Buch Genesis übernimmt hier vermutlich eine alte, vorisraelitische Erzählung, in der die Nacht-Dämonen bei Tag ihre Macht verlieren. Diese urtümliche Geschichte überträgt der biblische Erzähler auf Gott! Dieser Gott ist einerseits unheimlich, andererseits ganz menschlich. Er scheint den Menschen zum Kampf zu zwingen, um ihn einzuschüchtern und ihm seine Schwäche aufzuzeigen. Dann aber erbarmt er sich und gönnt ihm den Sieg. Der Mensch muss offensichtlich büßen für seine Schuld, und er muss Verletzungen akzeptieren, dann aber geht er gesegnet und gestärkt aus dem Kampf hervor.

Plausibel erscheint uns, dass man bei schweren Spannungen oder Zerwürfnissen das Böse durchkämpfen muss. Darin liegt ein eigener Segen. In dieser Geschichte ist es Gott selbst, der dem Übeltäter nachsteigt, ihn herausfordert und ihn dazu zwingt, seine Schuld auszuleiden. Er will sich *mit uns* versöhnen und mutet uns das dazu Notwendige zu. Dass wir kämpfen müssen, ist also Folge unseres bösen Handelns. Am Ende stehen Gottes unverdientes Erbarmen und sein Segen – und der helle Morgen! Das macht uns die Geschichte sympathisch, bei allem Dunkel und Unverständnis. Zu allen Zeiten hat sie die Menschen fasziniert und angeregt.

Fragen und Hinweise

Kann ich kämpfen? Wenn etwas dunkel und schwer erscheint, wenn ich mich von fremden Mächten überfallen weiß, wenn ich eine innere oder äußere Krise erlebe, wenn ich Schuld mit mir trage, wenn ich von Ängsten und Zweifeln gepeinigt werde: Will ich dann kämpfen? Oder gebe ich klein bei, ziehe mich zurück, suche eine schnelle und billige Ablenkung? Halte ich diese Nacht aus? Stehe ich die Krise durch, bis zur Morgenröte? Oder will ich mich schnell und schmerzfrei ans andere Ufer hinüberretten? Stehe ich zu meiner Schuld? Lasse ich das Böse, das sie wirkt, an mich heran? Bin ich bereit, es auszuleiden? Oder schiebe ich alles auf andere ab?

Kann ich mit Gott kämpfen? Akzeptiere ich, dass Gott mir ein schreckliches Angesicht zeigt? Dass er mich sucht, mir nachsteigt, mich herausfordert, meine Schuld einklagt? Stehe ich zu den dunklen und unbegreiflichen Anteilen in unserem christlichen Gottesverhältnis? Traue ich mich, meine Krisen und Zweifel Gott hinzuhalten? Habe ich die Geduld, bis zur Morgenröte zu warten und so lange zu kämpfen, bis er nachgibt und mich segnet? Vertraue ich darauf, dass diese Kämpfe einen Sinn haben, dass sie mich reinigen und mir zum Heil werden?

Gott erscheint uns bisweilen dunkel, fremd, unheimlich. Er ist unverstehbar, unerklärbar. Er lässt uns hängen, scheint bedrohlich, ungerecht, gewalttätig zu sein. Oft sind wir versucht, das Denken an ihn und den Glauben aufzugeben: Ohne Gott könnte ich mich doch ganz gut in dieser Welt einrichten und weiterhin ein guter Mensch bleiben?! Doch er lässt mich nicht los, folgt mir nach, bedrängt mich immer wieder. Mit ihm tue ich mich schwer, ohne ihn werde ich nicht versöhnt leben können. Der Glaube ist ein Kampf.

In dieser Betrachtung stellen wir uns den dunklen und unbegreiflichen Seiten unseres Gottes. Wir lernen die aggressiven Anteile in ihm und in uns selbst kennen. Wir halten die Fraglichkeit und Unordnung unseres christlichen Daseins aus. Wir durchleiden unsere Finsternis und klagen, scheinbar vergeblich, angesichts unseres Elends die Güte Gottes ein. Wir bitten um Kraft, die Nacht durchzuhalten, und sehnen uns nach der Morgenröte. Wir müssen akzeptieren, dass wir Gott niemals mit Hilfe eines Namens im Griff haben werden. Wir tragen eine Wunde davon, die uns für immer zeichnet. Wir werfen uns in die Abgründigkeit und Unbegreiflichkeit Gottes und empfangen am Ende seinen Segen. Wir kommen aus dem Kampf heraus, zugleich gebrochen und gestärkt, gedemütigt und versöhnt, verwundet und geheilt.

Weitere Schriftstellen

Jeremia 12,1–3a	Hadern mit Gott wegen des Glücks der Frevler
Psalm 143	Gebet in der Not

Der barmherzige Vater

Lukas 15,11–32

[11] Weiter sagte Jesus: Ein Mann hatte zwei Söhne. [12] Der jüngere von
ihnen sagte zu seinem Vater: Vater, gib mir das Erbteil, das mir zusteht.
Da teilte der Vater das Vermögen auf. [13] Nach wenigen Tagen packte
der jüngere Sohn alles zusammen und zog in ein fernes Land. Dort
führte er ein zügelloses Leben und verschleuderte sein Vermögen.
[14] Als er alles durchgebracht hatte, kam eine große Hungersnot über
das Land und es ging ihm sehr schlecht. [15] Da ging er zu einem Bürger
des Landes und drängte sich ihm auf; der schickte ihn aufs Feld zum
Schweinehüten. [16] Er hätte gern seinen Hunger mit den Futterschoten
gestillt, die die Schweine fraßen; aber niemand gab ihm davon.
[17] Da ging er in sich und sagte: Wie viele Tagelöhner meines Vaters

haben mehr als genug zu essen und ich komme hier vor Hunger um.
[18] Ich will aufbrechen und zu meinem Vater gehen und zu ihm sagen:
Vater, ich habe mich gegen den Himmel und gegen dich versündigt.
[19] Ich bin nicht mehr wert, dein Sohn zu sein; mach mich zu einem
deiner Tagelöhner. [20] Dann brach er auf und ging zu seinem Vater.
Der Vater sah ihn schon von weitem kommen und er hatte Mitleid mit
ihm. Er lief dem Sohn entgegen, fiel ihm um den Hals und küsste ihn.
[21] Da sagte der Sohn: Vater, ich habe mich gegen den Himmel und
gegen dich versündigt; ich bin nicht mehr wert, dein Sohn zu sein.
[22] Der Vater aber sagte zu seinen Knechten: Holt schnell das beste
Gewand und zieht es ihm an, steckt ihm einen Ring an die Hand und
zieht ihm Schuhe an. [23] Bringt das Mastkalb her und schlachtet es;
wir wollen essen und fröhlich sein. [24] Denn mein Sohn war tot und lebt
wieder; er war verloren und ist wiedergefunden worden. Und sie
begannen, ein fröhliches Fest zu feiern.

[25] Sein älterer Sohn war unterdessen auf dem Feld. Als er heimging
und in die Nähe des Hauses kam, hörte er Musik und Tanz. [26] Da rief er
einen der Knechte und fragte, was das bedeuten solle. [27] Der Knecht
antwortete: Dein Bruder ist gekommen und dein Vater hat das Mast-
kalb schlachten lassen, weil er ihn heil und gesund wiederbekommen
hat. [28] Da wurde er zornig und wollte nicht hineingehen. Sein Vater
aber kam heraus und redete ihm gut zu. [29] Doch er erwiderte dem
Vater: So viele Jahre schon diene ich dir, und nie habe ich gegen deinen
Willen gehandelt; mir aber hast du nie auch nur einen Ziegenbock
geschenkt, damit ich mit meinen Freunden ein Fest feiern konnte.
[30] Kaum aber ist der hier gekommen, dein Sohn, der dein Vermögen
mit Dirnen durchgebracht hat, da hast du für ihn das Mastkalb ge-
schlachtet. [31] Der Vater antwortete ihm: Mein Kind, du bist immer bei
mir, und alles, was mein ist, ist auch dein. [32] Aber jetzt müssen wir uns
doch freuen und ein Fest feiern; denn dein Bruder war tot und lebt
wieder; er war verloren und ist wiedergefunden worden.

Hinführung

Dieses vielleicht berühmteste Gleichnis der Evangelien spricht eindrücklich die zentrale Wahrheit des christlichen Gottesbildes aus. Und schon immer dient es dazu, in der religiösen Erziehung und spirituellen Pädagogik Kinder und Erwachsene zu dem hinzuführen, was den Kern des Christentums ausmacht: zur Botschaft von der Barmherzigkeit Gottes. Für den Beter lohnt es sich, im Laufe des Lebens immer wieder diese Geschichte zu betrachten, um so Gott näher zu kommen und seine Größe und Wahrheit tiefer zu verstehen. Betrachten wir die drei Personen des Gleichnisses:

Der *jüngere Sohn* lässt sich sein Erbe auszahlen und geht in die Fremde. Er will die Welt entdecken und erobern, dabei viel für sich lernen und das Leben genießen. Doch er kann seine hohen Ideale nicht realisieren, sondern verschleudert in kurzer Zeit die Erbschaft, weil er sich durch den Genuss und die Eitelkeit der Welt verführen lässt. Er missachtet den Wert des vom Vater erarbeiteten Gutes. Ja, er missachtet die Liebe seines Vaters – das vielleicht größte Vergehen, dessen sich in jener Kultur ein Sohn schuldig machen kann. Als das Geld für den schnellen Genuss verbraucht ist, leidet er Not. Als Schweinehirt fristet er in der Fremde sein Dasein – Schweine sind für die Juden unreine Tiere, und eine solche Arbeit ist im höchsten Maß entehrend. Aus der hoch geachteten Stellung eines reichen Erben war dieser Mann nach unten gefallen. Schlimmer konnte es nicht mehr kommen.

Dort unten sieht er sein Versagen ein. Aus der Erkenntnis der Schuld erwachsen ihm Scham und Reue. Seine einzige Hoffnung auf ein menschenwürdiges Leben kann nur die Rückkehr zum Vater sein. Mit Zerknirschung im Herzen und einer genau vorbereiteten Beichte auf den Lippen macht er sich auf den Heimweg. Er kann nur noch bekennen: »Du, Vater, hast mir so viel gegeben. Ich habe alles verschleudert. Du allein kannst mir neu geben, was ich zum Leben brauche.« Der jüngere Sohn ist das Urbild des reuigen Sünders, der zu seinem väterlich-barmherzigen Gott zurückkehrt.

Der *ältere Sohn* ist zu Hause geblieben, immer brav und angepasst, immer pflichtschuldig und fleißig, immer sparsam und tugendhaft; er ist ein musterhafter Sohn. Nie ist er aus seiner engen Welt ausgebrochen, nie hat er Ansprüche gestellt. Als der gescheiterte Bruder zurückkehrt, reagiert er mit Ablehnung: Ein solcher Versager hat seiner Meinung nach nichts verdient, nicht die Wiederaufnahme in das Haus des Vaters, erst recht kein Fest. Außerdem ist es nicht rechtens, ihm das Erbteil erneut zu geben, das er doch verschleudert hat. Missgünstig, kleinlich rechnend, eifersüchtig, vielleicht neidisch erscheint uns dieser Bruder – obwohl er ja eigentlich Recht hat.

Dem Vater macht er sofort den Vorwurf, er behandle den Bruder falsch. Dass er selbst nie einen Ziegenbock für ein Fest bekam, liegt wohl auch daran, dass er nie darum gebeten hat. Seine Beziehung zum Vater war über die Jahre eingefahren, zweckorientiert, klar berechnend, distanziert, im Guten verhärtet; vermutlich war sie längst erkaltet. In seinem Bewusstsein, jede Pflicht zu erfüllen, hat dieser Sohn zwar immer ein gutes Gewissen, aber um den Preis der inneren Kälte. Nie hat er sich vom Elternhaus gelöst, und weil er sich nie etwas gönnt, kann er anderen nichts gönnen. Von der weiten Welt hat er nichts gesehen, wohl auch nie echte Freude und Freiheit empfunden. Der ältere Sohn ist das Urbild des Moralisten, der sich weder freuen noch dem anderen vergeben kann; einen Vater oder Vatergott braucht er im Grunde nicht.

Der *Vater* gibt dem jüngeren Sohn wohl nur schweren Herzens seinen Erbteil, denn er wird geahnt haben, wie dieses Abenteuer enden sollte. Voll Sorge wartet er täglich auf die Rückkehr des Sohnes, schaut immer wieder sehnsüchtig am Horizont, ob er wohl zurückkommt. Nie gibt er die Hoffnung auf, nie schreibt er den Sohn einfach als verloren ab, nie bedauert er den Verlust des von ihm mühsam erarbeiteten Erbteils. Die Liebe zu seinem Sohn gibt ihm die Kraft und die Geduld, so lange zu warten und zu hoffen. Als der Sohn endlich kommt, sieht er ihn schon von weitem, läuft ihm entgegen, fällt ihm um den Hals und küsst ihn. In dieser Geste erkennen wir die unendliche Vergebungsbereitschaft und Liebe dieses Vaters. Das vorbereitete Schuldbekenntnis des Sohnes will er gar nicht erst hören, denn schon längst hat er ihm alles verziehen. Der Vater fordert nichts zurück, rechnet nichts auf, braucht keine Gegenleistung, macht keine Vorwürfe, nimmt den Versager einfach wieder an und auf. Das Bedingungslose seiner Vergebung – so ist das Bild zu verstehen – ist das Bedingungslose der göttlichen Gnade. Für uns Menschen, die immer aufrechnen und zählen, ist diese Geste unfassbar, unverstehbar, ja unannehmbar, im letzten einfach überwältigend. Wir brauchen lange Jahre der geistlichen Reifung, um eine solche Liebe im Herzen – nicht nur im Verstand – zu verstehen und anzunehmen. Der Vater streicht jede menschliche Logik des Gebens und Nehmens durch und ersetzt sie durch eine göttliche Logik des einfachen fraglosen Schenkens.

Das geschlachtete Mastkalb symbolisiert diese unendliche Großherzigkeit und Liebe. In jeder menschlichen Kultur ist das festliche Mahl Zeichen von Vergebung und Gemeinschaft, von Dankbarkeit und Freude. Am Ende der Geschichte bemüht sich der Vater auch um den älteren, verstockten Sohn. Er redet ihm zu, mit dem Bruder zu feiern. Ob diese Mühe Erfolg hat, wird nicht mehr berichtet. Die alles vergebende göttliche Liebe überspringt nicht die menschliche Freiheit: Nur wenn der Mensch die Einladung frei annimmt, kann Gottes Liebe ankommen, sie kann Fleisch werden, zur irdischen Fülle heranreifen. So bleibt das Gleichnis am Ende offen, wie auch die Geschichte Gottes mit dem Menschen bis heute offen ist. Der Vater ist das Urbild des liebevollen und barmherzigen Gottes, der sehnsüchtig auf die Umkehr des Sünders wartet, ihm restlos alles verzeiht und alle Menschen zum Fest einlädt.

Fragen und Hinweise

Finde ich in mir Anteile des *jüngeren Sohnes*? Bin ich von den Menschen und von Gott weggelaufen? Habe ich die Beziehung zu meinen Eltern oder zu meinem himmlischen Vater missachtet? Habe ich meine Talente oder Chancen, meine Zeit oder meine Besitztümer verschleudert? Haben Abenteuerlust und Verschwendungssucht leichtes Spiel mit mir? Und wenn ich *ganz unten* gelandet bin: Verkaufe ich mich, in der Not des Überlebens, an Unreines, Schmutziges? Kann ich Schuld eingestehen und reumütig zurückkehren? Oder bin ich zu stolz, mein Versagen wahrzunehmen? Kann ich mich Gott mit leeren Händen präsentieren, ohne irgend etwas vorweisen oder leisten zu wollen? Und kann ich – das ist vielleicht das Schwierigste im Leben – Vergebung annehmen, mich umarmen und küssen, mir alles neu schenken, das Mastkalb für mich schlachten lassen? Kann ich die Freude des Vaters über seinen heimgekehrten Sohn annehmen und mich mitfreuen?

Finde ich in mir Anteile des *älteren Sohnes*? Bin ich stolz auf meine Leistung, gleichzeitig jedoch verhärtet und moralisierend, kleinlich rechnend, neidisch und grollend, im Herzen erkaltet, gar schon abgestorben? Bin ich mit meinen Eltern, Geschwistern und Freunden und so auch mit dem himmlischen Vater in einer lebendigen Beziehung? Kann ich ein Fest feiern? Traue ich mich zu bitten? Gönne ich mir selbst und anderen eine außerordentliche Freude? Und kann ich dem moralisch verkommenen Bruder vergeben? Kann ich mich trotz allem Widerstreben mitfreuen und mitfeiern? Gebe ich von meinem mühsam gepflegten Erbteil dem etwas ab, der das seine schuldhaft verschleudert hat?

Entdecke und fördere ich *in mir* Anteile des *Vaters*? Wenn mein eigenes Kind oder ein Mensch, der mir anvertraut ist, in die Irre läuft, wende ich mich verletzt und enttäuscht ab? Oder warte ich voll Sehnsucht auf seine Rückkehr? Kann ich dem wiederkehrenden Sohn um den Hals fallen und ihn küssen? Oder reagiere ich auf Versagen mit Vorwürfen, Tadel, Ablehnung? Bin ich so großzügig, etwas ohne Gegenleistung zu verschenken? Kann ich umsonst geben, was ich umsonst empfing? Versuche ich, alle mir nahen Menschen in gleichem Maß zu lieben? Gehe ich dem hartherzigen älteren Sohn nach, um ihn zurückzugewinnen? Kann ich – zumindest schrittweise – jene unermessliche und überwältigende Liebe des Vaters in meinem Leben nachahmen? Bemühe ich mich darum?

Entdecke ich *Gott* als den unendlich liebenden *Vater*? Oder sehe ich ihn mehr als rechnenden, bisweilen rachsüchtigen und strafenden Gott, vor dem ich mich fürchte? Verwechsle ich Gott mit unseren kleinkarierten und engstirnigen, oftmals habgierigen und wütenden irdischen Autoritäten? Oder kann ich Gott als einen Vater sehen, der seine Kinder großherzig liebt, ihnen jederzeit die Rückkehr ermöglicht, sich über ihr Kommen freut, ihnen ohne Berechnung alles verzeiht und neu schenkt und mit ihnen ein rauschendes Fest feiert? Kann ich die Logik göttlicher Liebe, die für uns Menschen so schwer zu verstehen und anzunehmen ist, in mein Herz einlassen und mich von ihr so verwandeln lassen, dass auch ich ein liebender Mensch werde?

In diesem Gleichnis kann ich mein Leben und meine Beziehung zu Gott auf vielfältige Weise wiederfinden. Ich verweile bei den Punkten, die mich besonders ansprechen. Ich bitte darum, die Vergebung und Liebe Gottes mehr im Herzen verstehen und annehmen zu können. Und ich bitte darum, dass Gott mich verwandelt, nach dem Bild des barmherzigen Vaters.

Weitere Schrifttexte

Johannes 8,1–11	Jesus vergibt der Ehebrecherin
Psalm 32	»Da bekannte ich dir meine Sünde ... Und du hast mir die Schuld vergeben«

Vergeben
Matthäus 6,12

> Und erlass uns unsere Schulden, wie auch wir sie unseren Schuldnern erlassen haben.

Hinführung

Das Vaterunser ist das erste und wichtigste Gebet der Christen. Jesus selbst hat es seine Jünger gelehrt, als sie nicht wussten, wie sie beten sollten (Lk 11,1–4). Im Vaterunser sind die Grundbitten menschlichen Lebens ausgedrückt: Gott sei die Ehre, sein Reich des Friedens und der Gerechtigkeit soll sich verwirklichen, er soll Brot schenken und Vergebung gewähren, vor dem Bösen möge er retten. Das Vaterunser zeigt die Haltung jedes Betenden: *alles* von Gott zu erwarten. Wenn wir mehrmals täglich das Vaterunser beten, sind wir gewiss, dass wir mit unserem

Beten richtig liegen: Wir richten unser Leben ganz auf Gott aus. Wir verdanken ihm, was wir haben und sind. Wir öffnen uns auf ihn hin und lassen uns von ihm leiten.

Man kann das Vaterunser als Ganzes betrachten oder auch einzelne seiner Bitten. Für diese Meditation wählen wir die Vergebungsbitte. Wir können den Wortlaut des Matthäus- oder des Lukasevangeliums (Lk 11,4) verwenden oder den, den wir als tägliches Gebet gewohnt sind.

Der Vers ist zweigeteilt: Der Beter bittet zunächst darum, dass Gott ihm die Schuld vergibt. Offensichtlich steht dahinter die Erfahrung, dass der Mensch hinter dem göttlichen Auftrag, vollkommen zu lieben, zurückbleibt. Sein Egoismus und seine Habgier sind schuldhaft, er ist *Täter* des Bösen. Für seine Schuld braucht er die Vergebung Gottes; sonst wird er untergehen. In vielen Schrifttexten wird die Schuld des Menschen angesprochen (zum Beispiel in dem von der Versuchung Jesu, vom Pharisäer und vom Zöllner, von der Verleugnung des Petrus, vom barmherzigen Vater; siehe die vorigen Meditationen). Nun *will* Gott radikal und bedingungslos vergeben, ohne eine Wiedergutmachung oder Gegenleistung zu verlangen. Meist sind jedoch wir es, die die Vergebung Gottes nicht in uns eindringen lassen, weil wir nicht einsehen, dass wir ihrer bedürfen, oder weil wir sie zwar suchen, unser Herz jedoch verschlossen ist. Der Beter bittet um die Vergebung, die ihm ja sicher zugesagt ist. Also bittet er eigentlich darum, dass er seinen Egoismus soweit überwindet, dass die ihm angebotene Vergebung Gottes in sein Herz eindringen kann. Dass sich sein Herz öffnen kann, ist wiederum Gottes Werk, denn der Beter ist auch darin ohnmächtig! Er fleht Gott an, dieses Werk an ihm zu vollbringen.

Der zweite Teil formuliert die zwischenmenschliche Entsprechung: Auch wir vergeben unseren Schuldnern. Da andere uns etwas angetan haben, sind wir *Opfer* des Bösen. Im Text ist nicht klar, ob Gegenwart oder Vergangenheit gemeint ist: »... vergeben haben« (so der bestbezeugte Text von Mt 6,12 und die Einheitsübersetzung) oder »(jetzt) vergeben« (so einige Textzeugen von Mt 6,12 und die Fassung in Lk 11,4). Damit ist offen, ob die Vergebung, die der Beter anderen schenkt, der Vergebung, die Gott ihm schenkt, vorausgeht oder ob sie sich mit dieser gleichzeitig und in Wechselwirkung vollzieht. Wie dem auch sei, ein Zusammenhang ist jedenfalls hergestellt: Gott vergibt uns *und* wir vergeben einander; Gott vergibt mir, wo ich *Täter* bin, und ich habe, wo ich *Opfer* bin, meinen Tätern zu vergeben. Beides gehört wesentlich zusammen. Die empfangene Vergebung Gottes durchdringt uns wie ein warmer Strom, und wir verströmen diese Vergebung weiter an andere. Und umgekehrt: Wir vergeben anderen, was diese uns angetan haben, und gleichzeitig durchdringt uns Gott und vergibt uns, was wir ihnen angetan haben. Die Vergebung, die wir anderen schenken, ist letztlich seine Vergebung, die wir empfangen und *weiter* schenken. Was zuerst kommt und was danach, ist unwichtig. Wir können Gottes Wirken als *einen* Prozess betrachten: Seine *Gnade* – das Wort bedeutet, dass Gott uns Gutes ohne jede Bedingung oder Gegenleistung tut – dringt in unser Herz und vergibt uns unsere Schuld an anderen und anderen ihre Schuld an uns. In diesem Vers sichert nun der Beter Gott zu, dass er seinen Beitrag zu dem Prozess leisten wird! Das ist zwar seine Anstrengung, allerdings kann er diese wiederum nur – weil er aus sich heraus ohnmächtig ist – dank der in ihm tätigen Gnade Gottes vollbringen. Indirekt bittet er in diesem Gebet auch um diese Gnade.

Wir Menschen sind stets *Täter und Opfer*. Weil wir selbst verletzt und dadurch zu Opfern werden, verletzen wir andere und werden dadurch zu Tätern. So wird Böses immer weitergegeben: Von Kindheit an trifft uns Böses, wir sind Opfer der Bosheit dieser Welt. Indem wir dieses Böse weitergeben und so zu seinen Tätern werden, verstricken wir uns in einen teuflischen Kreislauf. Im Glauben können wir diesen Kreislauf durchbrechen! Gott vergibt uns unsere Schuld, und wir geben diese Vergebung weiter und vergeben anderen ihre Schuld. So versöhnen wir uns, so werden wir erlöst. Jesus hat durch sein Kreuz die Vergebung Gottes allen Menschen geschenkt und dadurch die Welt erlöst. Indem wir die von ihm empfangene Vergebung weiter schenken, wirken wir an seinem Werk mit.

Ich erfahre, dass ich Täter oder Täterin war und Gott mir Schuld vergibt. Vielleicht haben mich die vorigen Meditationen diese befreiende und beglückende Erfahrung machen lassen. Vielleicht habe ich sie auf andere Weise gemacht. Vielleicht habe ich sie noch nicht gemacht und leide darunter; dann sehne ich mich nach ihr. Ich sollte diese Erfahrung suchen und um sie bitten. Die Meditation vom barmherzigen Vater könnte dabei helfen.

In dieser Meditation kann ich auch den anderen Teil des Prozesses anschauen: Ich bin Opfer und vergebe nun meinen Schuldnern! Ich kann diese Meditation als Dank für schon erfahrene Vergebung Gottes machen. Oder ich mache sie, damit ich von mir her freier dafür werde, die Vergebung Gottes zu empfangen! Beides ist möglich, und irgendwann wird beides eins: Was ich erfahren habe, schenke ich weiter; indem ich es weiter schenke, erfahre ich es neu und tiefer. Indem ich vom Tätersein erlöst werde, werde ich vom Opfersein befreit und umgekehrt. Beides gehört zusammen, beides schlägt ineinander um.

Ich führe Menschen vor mein inneres Auge, die mir etwas angetan haben: Wer hat mich verletzt? Mir etwas weggenommen? Mich hintergangen, ausgenutzt, geschädigt? Seinen Egoismus, seine Aggression an mir ausgelebt? Machtpositionen missbraucht? Waren es meine Eltern oder Lehrer, Bekannte oder Freunde, der Partner oder die Partnerin? Manche Wunde nagt in mir, bohrt und quält mich seit vielen Jahren. Auf manche Menschen habe ich einen Groll oder gar einen tiefsitzenden Hass. Ich schaue diese Menschen mit meinem inneren Auge an und lasse meine Empfindungen hochkommen. Ich bin ihr Opfer. Sie sind meine Schuldner, denen ich noch nicht vergeben habe.

Nun versuche ich, diesen Menschen in einem inneren Akt einzeln zu *vergeben*: Für jeden sage ich mir, dass ich ihm das, was er mir angetan hat, einfach *erlassen* will. Ich hätte einen Anspruch auf Wiedergutmachung – oder gar auf Rache? –, aber ich verzichte auf mein Recht: gratis, ohne Gegenleistung, ohne Bezahlung der noch ausstehenden Rechnung, auch ohne Entschuldigung! Vermutlich fällt mir dieser Akt sehr schwer. Aber ich will ihn. Ich spreche immer wieder laut und von Herzen: »Ich vergebe dir.« Ich bitte Gott, dass er mir helfe, oder besser, dass er in mir diesen Akt selbst wirke, denn allein kann ich ihn nicht vollbringen. Unsere menschliche Logik des Rechnens ist zu anders, und das Vergeben fällt uns unendlich schwer. Ich flehe Gott um seine Kraft an. Ich bitte ihn, dass mich die Großherzigkeit und Güte des barmherzigen Vaters durchdringe.

Wenn die Verletzungen sehr tief sitzen, wird das Vergeben nicht schnell gelingen. Oft braucht es einen Prozess von Jahren oder Jahrzehnten. Doch jede Meditation darüber führt ein kleines Stück weiter. Bei sehr gravierenden Verletzungen kann psychologischer Rat helfen. Die Vergebungsbitte des Vaterunsers kann ich immer wieder meditieren und beten. Schrittweise wird mich die vergebende Kraft Gottes so durchdringen, dass ich sie weiterschenken werde.

Vielleicht kenne ich Menschen, die einen großen Frieden ausstrahlen, die mit sich und der Welt versöhnt erscheinen und die auf geheimnisvolle Weise heil und heilig wirken. Ich kann mir solche Menschen vor Augen führen. Diese Menschen sind meist nicht – wie man vermuten könnte – in einer heilen Welt aufgewachsen. Meist haben sie genauso viele Verletzungen erlitten wie alle anderen, aber sie konnten – irgendwann und irgendwie – *vergeben*. Vergeben ist nicht Vergessen. Wer zugefügtes Leid vergibt, es also nicht einfach verdrängt, wird es vielleicht noch lang im Herzen bewahren und erinnern; aber er hat es losgelassen und durchgestrichen. Sein Leid ist versöhntes Leid, verziehene Verletzung, glückliche Schuld. Ich kann Gott darum bitten, dass er mich zu solchen Gnaden führt.

Weitere Schrifttexte

Matthäus 18,21–35	Das Gleichnis vom unbarmherzigen Schuldner
Lukas 23,34	»Vater, vergib ihnen, denn sie wissen nicht, was sie tun«

3 Von Gott gesandt

Wir treten in die nächste Etappe der Exerzitien ein, die Ignatius »zweite Woche« nennt. Wir richten den Blick nach vorn. Es geht um Aufbruch, Berufung und Nachfolge: Wir betrachten unter anderem einige Szenen aus dem Leben Jesu und seiner Jünger. Am Maßstab Jesu orientieren wir unser Handeln. Wir überlegen, wie wir liebevoller und wahrhaftiger mit Menschen umgehen können. Wir hören, was Gott von uns will. Soweit das ansteht, fassen wir Pläne darüber, wie wir unser weiteres Leben gestalten werden. Auch wenn wir uns klein und schwach fühlen, haben wir einen Auftrag. Gott schenkt uns die Kraft, ihn zu erfüllen. Gemeinsam mit anderen werden wir den Weg gehen.

Abraham glaubt

Genesis 12,1–4

> 1 Der Herr sprach zu Abram: Zieh weg aus deinem Land, von deiner Ver-
> wandtschaft und aus deinem Vaterhaus in das Land, das ich dir zeigen
> werde. 2 Ich werde dich zu einem großen Volk machen, dich segnen
> und deinen Namen groß machen. Ein Segen sollst du sein. 3 Ich will
> segnen, die dich segnen; wer dich verwünscht, den will ich verfluchen.
> Durch dich sollen alle Geschlechter der Erde Segen erlangen. 4 Da zog
> Abram weg, wie der Herr ihm gesagt hatte, und mit ihm ging auch Lot.
> Abram war fünfundsiebzig Jahre alt, als er aus Haran fortzog.

Hinführung

Abram lebt – so erzählt die Schrift – mit seiner Halbschwester und Frau Sarai in Ur in Chaldäa, nach einer anderen Überlieferung in Haran. Wo genau sich diese Orte befinden und wie die Menschen zu jener Zeit leben, darüber weiß man heute wenig. Vermutlich gehört der Stamm Abrams zu jenen Gruppen, die damals – etwa 2000 bis 1700 vor Christus – aus der syrisch-arabischen Wüste und aus Mesopotamien nach Kanaan, dem heutigen Palästina, auswandern. In großen Familienclans bzw. Stämmen organisieren sich diese Menschen, in Zelten wohnen sie. Ihre Lebensgrundlage ist die Viehzucht. Wenn die Weiden einer Gegend erschöpft sind, zieht der Stamm in eine andere Gegend. Abram ist Familienoberhaupt und Stammesführer. Er ist reich, hat sehr viel Vieh und zahlreiche Mägde und Knechte, die als Besitz betrachtet werden. Sarai hat in fortgeschrittenem Alter, zum Zeitpunkt unserer Geschichte, noch keine Kinder, was für eine Frau als Schande betrachtet wird und für die Familie als Fluch Gottes. Abram und die Seinen verehren nicht, wie die meisten Stämme der Zeit, an bestimmten Kultorten lokale, auf die Familie bezogene Götter, sondern Jahwe, den einen Gott, der als einziger und allmächtiger Gott angebetet wird und keine anderen Götter neben sich duldet.

Der Ruf Gottes kommt überraschend auf Abram herab. Er hat die Gestalt eines klaren und direkten Befehls: Abram soll Verwandtschaft und Heimat verlassen und in ein fremdes Land ziehen. Offensichtlich hat Gott mit ihm etwas Besonderes vor. Abram weiß nicht, was das sein wird und wie das geschehen soll. Die Verheißung, ein großes Volk zu werden, klingt wenig glaubhaft und nicht realistisch, denn Abram und Sarai haben in hohem Alter noch keine Kinder! Verbunden mit diesem Ruf ist Gottes Zusage, dass er Abram segnen und ihn zu einem Segen für »alle Geschlechter der Erde« machen wird. Wie reagiert Abram auf diesen doch ungewöhnlichen und vagen, vielleicht allzu großartig klingenden Ruf Gottes?

Abram *glaubt*. Er setzt ein solches Vertrauen in die Stimme und das Wort Gottes, dass er alles stehen und liegen lässt und sich mit seiner ganzen Sippschaft und Habe auf den Weg in die Fremde macht. Er nimmt den unrealistischen, abenteuerlichen und ein wenig verrückten Auftrag an. Einziger Grund für sein Handeln ist sein Glaube – mehrfach wird er später in der Bibel dafür gerühmt (z.B. Gen 15,6; Röm 4). Der *Exodus* (Auszug) aus der Heimat ist der erste und bedeutendste Akt seines Glaubens: Irdische Bindungen und Sicherheiten werden unwichtig und können losgelassen werden. Allein der Glaube, das heißt das Vertrauen auf Gott und seine Führung, legt ihm den Grund für alles weitere. Gottes Ruf zu folgen, bedeutet für Abram, sich vom Herrn ganz in Dienst nehmen zu lassen. Von Gott gesegnet zu sein, verheißt auch irdisches Glück, das zuerst ihm zufällt und dann durch ihn an die Menschheit weitergegeben wird.

Später verheißt Gott Abram zahlreiche Nachkommen (Gen 15,5). In Gen 21 wird erzählt, wie Sarai nach langem Warten einen Sohn bekommt. Die Verheißungen Gottes gehen Schritt für Schritt in Erfüllung. Abram – er nennt sich später Abraham – wird zum Stammvater des von Gott auserwählten und gesegneten Volkes Israel. Den Ursprung der langen und reichen Geschichte Israels – in deren Folge auch Jesus Christus und die Kirche und damit unser Glaube stehen werden – bildet der *Jahwe-Glaube* dieses einfachen Nomaden aus den weiten Wüsten des Orients. Weil Abram an Gott glaubte und seinen Glauben zur Tat für Gott werden ließ, konnte Gott seinen Plan mit dem Volk Israel und darüber mit der ganzen Menschheit verwirklichen.

Fragen und Hinweise

Kann ich wie Abram die Stimme Gottes hören und ihr *glauben*? Setze ich ein solches Vertrauen in Gott, dass auch Unerhörtes, Unrealistisches, Gewagtes von ihm kommen darf? Bin ich bereit, mich aus alten Geleisen herausreißen zu lassen, wenn sein Ruf mich überkommt? Glaube ich, dass sein Ruf für mich Segen und durch mich Segen für andere Menschen bedeutet? Ich bete um die Gnade, glauben zu können.

Kann ich fortziehen aus meiner Heimat, weg von meiner Familie? Den Weggang in die Fremde auf mich nehmen? Gewohnheiten und Beziehungen aufgeben? Im anderen Land mich auf neue Menschen und eine fremde Kultur einlassen? Darauf vertrauen, dass Gott mich auch in ungewöhnlichen, riskanten oder angsteinflößenden Situationen schützt und führt? Dass er mir Menschen zuführt, die mich akzeptieren und aufnehmen, die mir den Lebensunterhalt ermöglichen und mich lieben?

Ich frage mich konkret, wohin Gott mich rufen könnte und was er von mir erwartet. Im Gebet erbitte ich Klarheit von ihm. Vielleicht handelt es sich um einen großen, außerordentlichen Ruf. Vielleicht soll ich wie Abram alles verlassen und in ein fremdes Land, einen neuen Beruf, zu anderen Menschen gehen. Vielleicht soll ich in meinem bisherigen Leben bleiben und darin Gottes Ruf hören, mich ihm im alltäglichen Tun neu zuwenden, mich anders und ernster in Dienst nehmen lassen. Vielleicht gehöre ich zu den älteren oder kranken Menschen, deren Kräfte und Möglichkeiten so gering sind, dass ihre Berufung darin bestehen wird, still an die Nöte der Menschen zu denken und in diesen Anliegen zu beten. Ich stelle mich dem Herrn zur Verfügung und biete ihm an, dass er mich sende und segne und durch mich weiteren Menschen Segen schenke. Ich bitte darum, dass er meine Bereitschaft zum Dienst stärke und mir Weisung und Hilfe gebe, meine Berufung zu erkennen.

Weitere Schrifttexte

Jona	Jona wird von Gott nach Ninive gesandt
Psalm 121	Der Hüter Israels

Menschenfischer

Lukas 5,1–11

1 Als Jesus am Ufer des Sees Gennesaret stand, drängte sich das Volk
um ihn und wollte das Wort Gottes hören. 2 Da sah er zwei Boote am
Ufer liegen. Die Fischer waren ausgestiegen und wuschen ihre Netze.
3 Jesus stieg in das Boot, das dem Simon gehörte, und bat ihn, ein
Stück weit vom Land wegzufahren. Dann setzte er sich und lehrte das
Volk vom Boot aus. 4 Als er seine Rede beendet hatte, sagte er zu
Simon: Fahr hinaus auf den See! Dort werft eure Netze zum Fang aus!
5 Simon antwortete ihm: Meister, wir haben die ganze Nacht gearbeitet
und nichts gefangen. Doch wenn du es sagst, werde ich die Netze aus-
werfen. 6 Das taten sie, und sie fingen eine so große Menge Fische,
dass ihre Netze zu reißen drohten. 7 Deshalb winkten sie ihren Gefähr-
ten im anderen Boot, sie sollten kommen und ihnen helfen. Sie kamen
und gemeinsam füllten sie beide Boote bis zum Rand, sodass sie fast
untergingen. 8 Als Simon Petrus das sah, fiel er Jesus zu Füßen und
sagte: Herr, geh weg von mir; ich bin ein Sünder. 9 Denn er und alle
seine Begleiter waren erstaunt und erschrocken, weil sie so viele Fische
gefangen hatten; 10 ebenso ging es Jakobus und Johannes, den Söhnen
des Zebedäus, die mit Simon zusammenarbeiteten. Da sagte Jesus zu
Simon: Fürchte dich nicht! Von jetzt an wirst du Menschen fangen.
11 Und sie zogen die Boote an Land, ließen alles zurück und folgten
ihm nach.

Hinführung

Simon lebt am See Gennesaret, von Beruf ist er Fischer. Er kann seine Familie nur mit Mühe ernähren, denn Fischer sind arme Leute. Meist fährt Simon nachts mit seinem Boot auf den See hinaus und lockt mit einer kleinen Lampe Fische an. Seit Jahrtausenden fischt man so am See Gennesaret. In dieser Nacht aber fängt Simon nichts. Enttäuscht wäscht und repariert er am Morgen seine Netze.

Da kommt Jesus aus Nazaret am See vorbei. Er ist ein bekannter

Rabbi, der Wunder wirken soll: Er heilt Kranke und erweckt Tote zum Leben. Viele Menschen sind zusammengekommen, weil Jesus am Ufer des Sees predigt. Wie seine Freunde ist Simon neugierig, und im Zuhören begeistert er sich für Jesus.

In gebieterischem Ton weist Jesus die Fischer an, sie sollen nochmals ausfahren. Petrus wundert sich: Wenn man schon nachts nichts fängt, ist es tagsüber aller Erfahrung nach aussichtslos; dieser Rabbi versteht nichts vom Fischen. Doch ist Simon irgendwie beeindruckt und versucht das Unmögliche. Und das Wunder geschieht: Er fängt eine überwältigend große Menge Fische!

Man kann den wunderbaren Fischfang als Gleichnis für menschliches Tun deuten: Das eigene Mühen und Schaffen war vergeblich. Auf Geheiß Gottes dasselbe zu tun, bringt unerwartet Frucht, selbst unter schwierigeren Bedingungen. Gott schenkt manchmal Güter, die wir gar nicht zu erhoffen wagen.

Simon erschrickt: Angesichts der Größe dieses Wunders besinnt er sich und nimmt seine Schwäche und Sündigkeit wahr. Er bittet diesen »Herrn«, von ihm wegzugehen, denn er fühlt sich dieser Begegnung und dieses Geschenkes unwürdig. Die Reaktion des Simon Petrus – hier wird er schon mit seinem späteren Namen genannt – zeigt, dass er eine gesunde religiöse Haltung entwickelt hat: Angesichts der Größe Gottes erkennt er seine Grenzen und sein Versagen, und er steht zu diesen. Er möchte nicht zu höheren Aufgaben gerufen werden, die er sich nicht zutraut. Er empfindet Scheu vor dem, was ihn überfordern könnte, vor dem Großen und Heiligen. Der Gedanke, dass Jesus von ihm etwas erwarten könnte, macht ihn unsicher und flößt ihm Angst ein. Etwas in ihm wehrt sich, er möchte lieber ein bescheidener, armer Fischer bleiben.

»Fürchte dich nicht« ist ein Grundwort der Bibel: Gott spricht es im Laufe der Geschichte immer wieder zu Menschen, bisweilen direkt, bisweilen durch menschliche Mittler. Die Botschaft ist immer dieselbe: Überwinde deine Unsicherheit und Scham, hab' keine Angst, vertraue einfach, lass dich von mir führen, auch an Orte und zu Aufträgen, die du noch nicht kennst, die dich beunruhigen und ängstigen. Ich bin bei dir. Ich gebe dir Kraft, Mut, Weisung. Dieses Wort Jesu ist Grundwort jeder christlichen Berufung, Zusage Gottes an denjenigen, der ihm sein Leben zur Verfügung stellt. Menschenfischer zu werden, wird der Auftrag für Simon sein. Bildhaft knüpft Jesus an den bisherigen Beruf des Simon an: Wie ein Fischer Fische für die Menschen fängt, so soll er Menschen für Gott gewinnen. Was dieser Auftrag im einzelnen für sein weiteres Leben bedeutet, kann er zu diesem Zeitpunkt nicht ahnen.

Simon fasst Vertrauen. Spontan, gleichsam aus dem Bauch heraus, entscheidet er sich, Jesus zu folgen, obwohl dieser ihn nicht direkt dazu auffordert. Offensichtlich hat das Wort Jesu für ihn eine solche Klarheit und Überzeugungskraft, dass er ohne zu zögern alles stehen und liegen lässt. »Nachfolge« wird hier wörtlich verstanden: Simon geht hinter Jesus her und folgt ihm auf allen Wegen, die dieser geht – in alle Offenheit und Ungewissheit hinein. Alles zurückzulassen, ist ein erster notwendiger Akt der Nachfolge: Wer sein Leben Jesus und über Jesus Gott weihen will, muss bisherige Bindungen und Reichtümer verlassen. Simon verlässt zunächst die übergroße Menge Fische, die er auf Geheiß Jesu gefangen hat. Das Wunder hat also nicht den Zweck, die Menschen materiell zu bereichern, sondern es bezeichnet die Größe Gottes und will als solches zum Glauben und zur Hingabe an Gott führen. Da es nun diesen Zweck erfüllt hat, wird es unwichtig: Petrus überlässt die reichen Gaben den Umstehenden, die sie gut gebrauchen können. Außer den Fischen verlässt Petrus – existentieller und radikaler – seinen Beruf, seine Familie, seine Heimat, damit seine Lebensgeschichte, seine Geborgenheit und Sicherheit, ja seine Identität. Er beginnt ein anderes Leben, offen und vertrauend.

Simon ist verheiratet. Wir wissen dies, weil die Schrift seine Schwiegermutter erwähnt (Lk 4,38). Ob Simon zu dieser Zeit Kinder hat, wissen wir nicht. Wie ist zu beurteilen, dass er seine Familie einfach zurücklässt? Wir können – wohlwollend interpretierend – annehmen, dass seine Familie in der Großfamilie und in der Dorfgemeinschaft geborgen und versorgt ist. Vielleicht verlässt Simon die Seinen zunächst nur für kurze Zeit. Vielleicht engagiert sich seine Familie später in der jungen Christengemeinde. Wir können solches nur vermuten. Es bleibt unser Erstaunen darüber, dass Simon die damals sehr festen Familienbande um Jesu willen radikal relativiert. Seine Begeisterung für das Neue überstrahlt die alten Bindungen und Werte.

Der Fischfang gehört zu den uralten und urwüchsigen Berufen der Menschheit. Der Fischer fühlt sich ganz von den Kräften der Natur, somit von göttlicher Macht abhängig. In den antiken Religionen gibt es zahlreiche Geschichten von göttlichen Fischern. Als ersten Jünger wählt Jesus den Fischer Simon. Diesem spricht er später einen Vorrang vor allen Jüngern zu. (Mt 16,13–19). Den Apostelsdienst bezeichnet Jesus als den des »Menschenfischers«. Bis heute trägt der Papst als der Nachfolger des Petrus einen Fischerring, auf dem eine bildliche Darstellung des wunderbaren Fischfangs und der Berufung des Petrus eingraviert ist.

Fragen und Hinweise

Bin ich bisweilen frustriert, weil mein Schaffen vergeblich erscheint? Kenne ich umgekehrt die Erfahrung, etwas im Auftrag Gottes zu tun und dabei reiche Ernte einzufahren? Wo habe ich reich fischen können, ja ein Fischfang-Wunder erlebt? Wenn ich auf meine Lebensgeschichte zurückblicke: Gibt es Momente, in denen ich ganz unerwartet und ohne eigenes Zutun überreich beschenkt wurde, so dass ich nur beschämt und beglückt zu danken habe? Kann ich solche Erfahrungen überhaupt wahrnehmen und annehmen? Bin ich meinem Gott von Herzen dankbar dafür, oder nehme ich sie als Selbstverständlichkeit einfach hin und gehe zur Tagesordnung über? Lasse ich mich durch solche Wunder zum Glauben einladen? Bin ich bereit, als Antwort auf das Geschenk Gottes mein Leben zu irgendeiner Form der Nachfolge, einem konkreten Dienst zur Verfügung zu stellen?

Nehme ich angesichts der überwältigenden Größe Gottes meine Kleinheit wahr, meine Schwäche, mein Sündersein? Bin ich bereit, diese vor dem Herrn einzugestehen? Oder überschätze ich ständig meine Fähigkeiten und Möglichkeiten? Habe ich jene gesunde Furcht und Scheu vor Gott, seines Rufes unwürdig zu sein? Sehe ich das Wunder als Wunder *Gottes*, vor dem ich nur erblassen kann, oder schreibe ich es doch irgendwie mir selbst zu? Habe ich die Bescheidenheit und Demut, von mir aus in meinem Stand und Beruf bleiben zu wollen, oder will ich gleich hoch hinaus?

Höre ich vertrauensvoll auf das Wort des Herrn: »Fürchte dich nicht«? Oder lasse ich mich allzu sehr von meiner Ängstlichkeit und Bequemlichkeit leiten? Lasse ich mich trotz meiner Sünde von ihm rufen? Vertraue ich darauf, dass er meine kleinen Kräfte und engen Grenzen anerkennt und sie ausgleicht, indem er mir um so größere Kräfte und Fähigkeiten gibt – als ein neues Wunder? Höre ich auf seinen Ruf, unabhängig davon, wie und wann er mich ereilt? Lasse ich mich aus meinem alten Beruf herausreißen und in ein neues Leben führen? Berufung wird für jeden Christen und in jeder Lebenslage Verschiedenes bedeuten: Kann ich in der Vielfalt der Wege Gottes meinen persönlichen Weg entdecken, anerkennen, einschlagen? Berufung hat immer einen Bezug zu dem, was Jesus mit dem Wort »Menschenfischer« andeutet: Geht es mir in allem Tun und Schaffen wirklich um die Menschen? Will ich den Menschen *nur* dienen und sie – auf welchen Wegen auch immer – zu Gott und seinem Reich des Friedens und der Gerechtigkeit führen?

Kann ich um der Nachfolge Jesu willen loslassen? Materielle Güter – auch diejenigen, die ich wunderbar erhalten habe? Bindungen an Familie, an Freunde und Bekannte? An meine Heimat, meine Verwurzelung, meinen Beruf, meine bisherige Identität? Meine Zeit, die ich bisher für mich reserviere? Chancen und Glücksmomente, die ich an anderen Orten hätte? Die Freiheit, mein Leben ganz selbst zu bestimmen und zu gestalten? Lasse ich all das in der Hoffnung und Freude los, dass ich in der Nachfolge Jesu – wie Simon – eine neue Identität, neue Freunde, neue Freiheit und neue Erfüllung geschenkt bekomme?

Die konkrete Gestalt der christlichen Berufung kann sehr verschieden sein. Für manche Christen wird sie darin bestehen, dass sie ihr bisheriges Leben weiterführen und mehr Menschlichkeit, mehr Vertrauen, mehr Liebe verwirklichen. Für andere wird sie zu einer Neuorientierung in der Lebensform oder in der Arbeit führen. In dieser Meditation bete ich darum, dass ich – wie Ignatius sagt – Christus mehr erkenne und ihn mehr liebe. Und ich bete darum, dass er mir seinen Ruf mitteilt, dass ich meine Berufung erkenne und annehme, dass ich die Kraft und den Mut bekomme, dieser in der mir zugedachten Weise zu folgen.

Weitere Schrifttexte

Markus 1,16–20	Berufung der ersten Jünger
Johannes 1,35–51	Die ersten Jünger

»Selig seid ihr«

Matthäus 5,3–12

3 Er sagte: Selig, die arm sind vor Gott; / denn ihnen gehört das Him-
melreich. 4 Selig die Trauernden; / denn sie werden getröstet werden.
5 Selig, die keine Gewalt anwenden; / denn sie werden das Land erben.
6 Selig, die hungern und dürsten nach der Gerechtigkeit; / denn sie
werden satt werden. 7 Selig die Barmherzigen; / denn sie werden Erbar-
men finden. 8 Selig, die ein reines Herz haben; / denn sie werden Gott
schauen. 9 Selig, die Frieden stiften; / denn sie werden Söhne Gottes
genannt werden. 10 Selig, die um der Gerechtigkeit willen verfolgt wer-
den; / denn ihnen gehört das Himmelreich. 11 Selig seid ihr, wenn ihr
um meinetwillen beschimpft und verfolgt und auf alle mögliche Weise
verleumdet werdet. 12 Freut euch und jubelt: Euer Lohn im Himmel
wird groß sein. Denn so wurden schon vor euch die Propheten verfolgt.

Hinführung

Das Matthäus-Evangelium stellt in der Bergpredigt (Mt 5–7) Worte und Gleichnisse Jesu zusammen. Die Seligpreisungen eröffnen diese lange Rede. Sie gehören zu den herausragenden und für die Geschichte des Christentums wirkmächtigen Worten Jesu. Die Fassung bei Lukas (Lk 6,20–26) ist wahrscheinlich ursprünglicher. Matthäus gestaltet den Text literarisch um, vereinheitlicht ihn und betont mehr die »innerliche« Seite der Seligkeit, indem er beispielsweise bei den Armen »im Geiste« – so die wörtliche Übersetzung – hinzufügt. Die Seligpreisungen sind eine

Magna Charta christlicher Spiritualität und Ethik. Ihre Wurzeln haben sie großenteils in der jüdischen Weisheitslehre der Zeit Jesu. Sie werden im Lauf der 2000-jährigen christlichen Geschichte sehr verschieden ausgelegt. Zahllosen Menschen geben sie Trost im Leiden und Ansporn für christliches Engagement.

Selig werden Menschen gepriesen, denen etwas *fehlt*, sei es als zugemuteter *Mangel*, sei es als freiwilliger *Verzicht*: Den »im Geist Armen« mangelt es an innerer Stärke, an Selbstbewusstsein, an Glaubenskraft, an geistlichem Reichtum, an Freude. Der Trauernde ermangelt eines geliebten Menschen, den er schmerzlich vermisst. Wer keine Gewalt anwendet, verzichtet freiwillig darauf, sein Recht und seine Ansprüche mit physischer Kraft oder mit Manipulation durchzusetzen. Wer hungert und dürstet nach Gerechtigkeit, empfindet schmerzhaft den Mangel einer neuen, friedvollen Weltordnung, in der jeder das zum Leben Notwendige bekommt. Wer barmherzig ist, verzichtet auf Strafe und Sühne für erlittenes Unrecht. Wer ein reines Herz hat – die einzige positiv formulierte Seligpreisung –, ist zwar frei von dem Egoismus, der viele Menschen besetzt und in der Liebe blockiert, aber er muss damit rechnen, dass sein reines und offenes Herz ausgenutzt und dass er beschädigt wird – freiwillig verzichtet er darauf, sich durch Böses gegen Böses abzuschirmen. Wer Frieden stiftet, verzichtet auf privates Glück, indem er sich auf Streitereien anderer einlässt, seine kostbare Zeit und Energie einsetzt und riskiert, dass man ihm den Seelenfrieden raubt. Wer verfolgt wird, ermangelt der Sicherheit und Freiheit des Lebens.

Alle diese Mängel und Verzichte sind existentiell. Der unter ihnen Leidende kann oder will sie nicht aus eigener Kraft beheben. Zum Teil sind es frei akzeptierte Nöte, zum Teil sind sie aufgezwungen; es sind äußere oder innere Notsituationen. Gemeinsam ist diesen seligen Menschen, dass sie die Erfüllung ihrer Sehnsucht allein von Gott erwarten. In der jeweils zweiten Satzhälfte jeder Seligpreisung wird ihre Erfüllung angekündigt, die allein Gott geben wird.

Selig gepriesen wird somit der Mensch, der die Nöte seines Daseins ehrlich wahrnimmt, das Leiden aushält und von Gott allein erwartet, aus der Not befreit und mit Gütern erfüllt zu werden. Selbstverständlich liegt die Seligkeit nicht in der – spirituellen oder realen – Armut selbst oder in der Trauer, im Hunger und Durst nach Gerechtigkeit, in der Verfolgung. Selig sind vielmehr jene, deren Nöte Gott *aufhebt*: deren Armut er in Reichtum, deren Trauer er in Freude, deren Hunger er in Sattheit, deren Verfolgung er in Frieden wandelt. Nicht die Not ist die Seligkeit, sondern die Vernichtung der Not: die Fülle Gottes.

In unserem Leben erfahren wir vielfache Nöte. Oft verdrängen wir sie und suchen billige Ersatzbefriedigungen; die Psychologie spricht von Kompensationen. Den Mangel *erfahren* kann nur derjenige, der die Versuchung zur Kompensation zurückweist. Weil die moderne Welt in ihrem Übersättigtsein, weil die Bilder aus Werbung und Medien uns jedoch ständig zum Kompensieren verführen, suchen geistliche Menschen nach Wegen, den Mangel tatsächlich zu erfahren. Durch Verzichte stellen wir künstlich Situationen des Mangels her. Einfache Beispiele dafür sind das Fasten oder der Sport: Wir hungern absichtlich, oder wir kämpfen sportlich und erschöpfen uns. Der empfundene körperliche Mangel wird uns auch bald den seelischen Mangel spüren lassen …

Doch warum ist es gut, Mangel zu *spüren*? Nur wer ihn *erfährt* – freiwillig oder zugemutet, als innere Wirklichkeit oder als tatsächliche äußere Notsituation –, wirft sich auf Gott und erwartet allein von ihm wahre Erfüllung. Not lehrt beten. Wer ständig satt ist, braucht keinen Gott; daher wird er ihn nicht suchen und nicht *erfahren*. Wenn Seligkeit die Fülle *Gottes* ist, ist der von Irdischem Satte nicht selig.

Wer – bis zu einem gewissen Grad – Armut, Trauer und Verfolgung erlebt und aushält, wird *im Glauben* an den selig machenden Gott und *im Gebet* zu ihm schon erfahren können, was Seligkeit ist, indem die *Hoffnung* auf Fülle zu einer jetzt schon beglückenden inneren *Gewissheit* wird. Und wenn ihm jetzt schon manche Not durch Gott gelindert wird, kann er die Gaben Gottes dankbar genießen und – selbstverständlich – darin Seligkeit erfahren.

Auf Erden werden wir die Seligkeit jedoch nur ahnen können; sie bleibt wie unter einem Schleier verhüllt. Doch in der Ahnung liegt schon ein Abglanz dessen, was uns nach dem Tod als ewige Seligkeit geschenkt wird.

Erfahre ich meine Armut: vielleicht die materielle Armut, vielleicht die innere Armseligkeit, das heißt, meine geistige Leere, meine Trägheit, mein Kreisen um mein Ego, meinen Stolz, meine Schwächen und Fehlhaltungen? Lasse ich diese Erfahrung wirklich zu, erleide ich sie schmerzhaft, oder schiebe ich sie beiseite und suche Befriedigung in billigem Trost? Kann ich vor Gott zu meiner Kleinheit und Schwäche stehen, oder meine ich immer noch, durch meine Leistung vor Gott gut dastehen und mir die Seligkeit verdienen zu müssen?

Kann ich trauern um liebe Menschen, um verpasste Gelegenheiten, um unmögliche Erfüllungen? Wenn ich wütend über erlittenes Unrecht bin: Meine ich, meine Ansprüche mit Gewalt durchsetzen zu müssen? Bewegt mich das zum Himmel schreiende Unrecht dieser Welt, und empfinde ich wahren Hunger und Durst nach Recht und Frieden? Oder lassen mich die Zustände um mich herum kalt, solange ich nur selbst mein Auskommen und meine Ruhe finde?

Kann ich mit den Schwächen der anderen barmherzig umgehen? Oder meine ich immer noch und immer wieder, richten, urteilen und verurteilen zu müssen? Hege ich – vielleicht nur einen Hauch – Verachtung für andere? Ist mein Herz so rein, dass ich nicht mehr egoistisch und stolz bin? Bemühe ich mich ernsthaft um die Reinheit des Herzens?

Wenn es Streit, Zwietracht und Spannung zwischen Menschen gibt: Sehe ich kalt darüber hinweg, oder bemühe ich mich mit allen Mitteln, Frieden zu stiften? Lassen mich Kriege und Unruhen zwischen Menschen gefühllos, oder leide ich mit ihnen und bete für die Opfer von Gewalttat und Krieg? Könnte ich ertragen, um meines Glaubens willen verfolgt oder auch nur verlacht zu werden? Stehe ich zu meinem christlichen Engagement, oder verschweige ich es feige, wo ich Anfeindung oder Verachtung wittere? Bin ich bereit, für Christus »Flagge zu zeigen«, in meiner Familie, meinem Bekanntenkreis, am Arbeitsplatz, in der Öffentlichkeit? Habe ich den Mut, Unrecht als solches zu benennen und anzuklagen, auch wenn ich mir dadurch Ärger oder Nachteile einhandle?

Glaube ich, dass die Armen und Trauernden selig sein werden? Vertraue ich wirklich ganz und gar auf Gott, dass er alle Mängel ausgleichen, alle Nöte beheben, alles Unrecht besiegen wird? Kann ich meine Glaubensgewissheit oder auch die Gaben, die jetzt schon irdische Nöte lindern, als Seligkeit empfinden und Gott dafür danken? Vertraue ich darauf, dass alle Not in der himmlischen Seligkeit überwunden wird?

Ich versuche, meine eigene Armut und die Dunkelheit der Welt nüchtern und realistisch anzuschauen. Ich weigere mich, das Dunkel durch ein schönes Leuchten falscher Tröstungen aufzuhellen. Ich leide unter den Nöten des Daseins. In mir gebe ich dem Hunger und dem Durst danach Raum, dass die Welt gerechter, friedvoller und heiler werde. Ich mache mir bewusst, dass nur Gott den Mangel ausgleichen kann. Ich werfe mich auf ihn mit all meiner Sehnsucht, meinem Flehen, meinem Hoffen. Ich erbitte Mut und Kraft dafür, mich engagieren zu können. Ich erbitte die verheißene Seligkeit für mich und für alle Menschen.

Weitere Schrifttexte

Galater 5,13–26	Die Werke des Fleisches – die Frucht des Geistes
Psalm 1	»Wohl dem Mann …«

Jesus betet allein
Markus 1,35

> In aller Frühe, als es noch dunkel war, stand er auf und ging an einen einsamen Ort, um zu beten.

Hinführung

Jesus ist ein großer Beter. Immer wieder zieht er sich zurück, um intensiv mit seinem Vater zu sprechen. Alle Evangelisten berichten davon, besonders häufig Lukas. Unser Schrifttext berichtet vom Anfang des öffentlichen Wirkens Jesu: Noch im Dunkel der Nacht steht er auf und geht zum Gebet »an einen einsamen Ort«. In der Erzählung vom Seesturm (Mk 6,46 u.a.) schickt Jesus die Jünger weg und betet spät am Abend, bis in die Nacht hinein. In Lk 6,12 wird erzählt, dass Jesus sogar eine ganze Nacht lang auf einem Berg betet. In der Erzählung von der »Verklärung« nimmt Jesus seine drei engsten Freunde auf einen Berg mit, »um zu beten« – darauf weist als einziger der Evangelist Lukas hin (Lk 9,28).

Immer wieder erzählen die Evangelisten vom Gebet Jesu. Besonders fällt auf: Jesus nimmt sich ungewöhnlich lange Gebetszeiten; er sucht dafür die Einsamkeit; die Nacht ist die besonders geeignete Zeit; als Ort wählt Jesus oft Berge. Wenig wird erzählt, wie und was Jesus gebetet hat. Wir können annehmen, dass Jesus über diese persönlichen Erfahrungen schweigt und die Evangelisten daher kaum etwas über Jesu Gebetsleben wissen. Oder sind es die Erzähler, die aus Scheu gegenüber der Intimität und Einzigartigkeit des Verhältnisses Jesu zu seinem Vater die Diskretion wahren?

Jesus betet lange: Oft strömt die Menschenmenge zu ihm und lässt ihm keine Ruhe. Dadurch wird er immer stärker beansprucht und von seinen Aktivitäten geradezu aufgesogen. Jesus verweigert sich bewusst diesem allzu bekannten Mechanismus. Immer wieder zieht er sich zurück, auch wenn die Menschen das nicht verstehen und nicht akzeptieren. Regelmäßig braucht er diesen längeren Zeitraum für das Gespräch mit dem Vater. So sinnlos und zwecklos das Beten in einer auf Effizienz getrimmten Welt erscheinen mag – die Menschen bestürmen Jesus nach immer neuen Heilungen, nach Brot, nach seiner Predigt –, für sein inneres Leben ist das Gebet unabdingbar. Jesus gehorcht seiner inneren Stimme, nicht den Erwartungen der Menge! Was diese über ihn denkt, ist ihm unwichtig. In Zeiten des Rückzugs wird seine Seele lebendig und offen, und sie kommt in ein intimes Sprechen mit dem Vater. Vermutlich betet Jesus, wie damals üblich, mit lauter Stimme: Er rezitiert Psalmen oder spricht einfach frei aus, was ihm auf der Seele liegt.

Jesus betet einsam: Er braucht diese Einsamkeit, um zu sich und zu Gott zu kommen. Die Einsamkeit auszuhalten, wird auch ihm bisweilen schwer fallen. Aber nur allein öffnet sich das Herz ganz. Nur wenn das Gerede der Menschen verstummt, kann Gott wirklich in die Seele eindringen. Nur im Schweigen können das Dunkel, die Angst, die Sorgen und Nöte ganz da sein und sich von der göttlichen Gnade in Freude verwandeln lassen.

Jesus betet in der Nacht: Spät am Abend, früh am Morgen oder die ganze Nacht hindurch betet er. Offensichtlich ist die Nacht für ihn die Zeit besonderer Nähe zu Gott. In der Dunkelheit und Stille öffnet sich die Seele weit. Das Unbewusste oder Halbbewusste, Träume, Phantasien und Empfindungen können ungestört ins Gebet einfließen. Das Gebet wird existentieller, reiner, lebenssatter. Diese Erfahrung haben Menschen aller Zeiten gemacht. Mönche und Nonnen erheben sich sehr früh zum Gebet, manche unterbrechen den Nachtschlaf für eine Gebetsstunde. Auch Jesus ist am Abend langer Arbeitstage müde; das nächtliche Wachen muss ihm bisweilen schwer fallen. Aber er nimmt diese Mühe auf sich, weil er den Wert der Nacht schätzt.

Jesus betet draußen: Zunächst verlässt er die Städte und Dörfer und sucht die Natur. Sie führt ihn zu meditativer Haltung und zum Gespräch mit dem Vater. Oft steigt Jesus auf Berge. Sie sind in der Bibel immer Orte der Gottesbegegnung. Die Luft ist reiner und bewegter, die Hitze weniger drückend. Der Blick weitet sich, hier oben ist der Betende dem Himmel näher. Um Gott zu suchen, steigt man aus den Niederungen des menschlichen Daseins zu den Höhen der Gottesbegegnung auf. Der Berg und seine Symbolik wirken auf das Innere des Menschen zurück und ermöglichen ihm Erfahrungen, die im Alltag nicht vorkommen. Jesus steht ganz selbstverständlich in dieser Tradition und sucht die Höhen, um zum Vater zu beten.

Zum Beten Jesu gäbe es noch vieles zu berichten: wie er seine Jünger beten lehrt (Mt 6,9–13); wie er vor wichtigen Taten und Entscheidungen betet, etwa bei Wundern oder bei der Wahl der Zwölf; wie er an den Wallfahrten zum Jerusalemer Tempel teilnimmt; wie er sich in seiner Heimat am Synagogengottesdienst beteiligt (Lk 4,16–30); wie er beim letzten Mahl den Tischsegen spricht; wie er in der Freude des Geistes (Lk 10,21), aber auch in Todesangst (Lk 22,39–46) betet; wie er im Todeskampf mit Psalm 22 einen letzten Gebetsschrei ausstößt. Nach dem Bericht des Johannes ist Jesus in einzigartiger Weise mit dem Vater verbunden. Das Abschiedsgebet Jesu (Joh 17) zeigt, wie unbedingt Jesus bis zuletzt sein Herz vor dem Vater ausschüttet.

Diese Meditation ist auf das persönliche, alltägliche Beten Jesu konzentriert. Jesus ist, so wird uns deutlich, ständig mit seinem Vater verbunden. Das Gebet ist ihm Quelle väterlichen Segens. Es gibt ihm Kraft und Mut für das alltägliche Tun und Kämpfen. Im Gebet erfährt Jesus, wie ihn der Vater zu den Menschen sendet.

Fragen und Hinweise

Ich schaue mein tägliches Gebetsleben an: Nehme ich mir Zeit für das Gebet? Gönne ich mir bisweilen längere Zeiten? Oder sind mir andere Dinge immer wichtiger? Ich weiß: Für das, was mir wirklich wichtig ist, nehme ich mir die Zeit! Wie wichtig ist mir Gott und das Gespräch mit ihm? Halte ich Durststrecken aus und bleibe dennoch treu in meinen Gebetszeiten?

Welche Zeiten nehme ich mir? Ich kann prüfen, ob der frühe Morgen oder der späte Abend für mich geeignet sind. Nutze ich die Gnade der Nacht? Stelle ich mich dem Dunkel in mir und um mich herum? Vielleicht werde ich nach einiger Zeit mit der Erfahrung beschenkt, dass mir Gott im Dunkel nicht ferner, sondern näher ist. Ich kann um diese Gnade bitten.

Ich schaue die Orte meines Betens an. Vielleicht kann ich die Natur mehr kennen und schätzen lernen, denn sie führt mich in die Kontemplation. Ich kann Berge als Orte entdecken, an denen ich Gott suchen und finden kann. Zuhause kann ich eine Gebetsecke einrichten: An einem abgetrennten, eigens fürs Gebet gestalteten Ort kann ich leichter beten.

Wie Jesus kann ich einige Gebete auswendig lernen: das Vaterunser, das Magnifikat, das Avemaria, meine Lieblingspsalmen oder einzelne Psalmverse. Ich kann sie immer wieder sprechen, in fast jeder Lebenssituation. Ab und zu sollte ich sie laut sprechen. Ich kann solche Gebete auch meditieren, indem ich sie – nach einem Vorschlag des Ignatius – Wort für Wort durchgehe und bei jedem Wort betrachtend und betend solange verweile, wie mir Gedanken, Bilder, Erinnerungen und Gefühle kommen. Diese erzähle ich Gott, biete sie ihm dar, mache sie zum Gebet. Wenn ich bei einzelnen Worten sehr lange verweile und mit dem Text nicht zu Ende komme, kann ich die Meditation am nächsten Tag mit dem verbleibenden Text fortsetzen.

Ich kann ganz frei beten: Was mich beschäftigt und bewegt, erzähle ich Gott. Bei diesem Beten sind Gefühle noch wichtiger als Gedanken. Für Gutes und Freudiges werde ich von Herzen danken, Dunkles und Schweres trage ich ehrlich vor Gott. Mein Gebet wird zu Bitte und Klage, zu Lob und Dank.

Jesus verstand sein *ganzes* Leben, mit allen Einzelheiten, von Gott her und auf ihn hin. In *allem* fand er Gott. Noch in der Todesstunde, in letzter Qual und Gottverlassenheit, schrie er zum Vater. Uns wird ein so intensives persönliches Beten nur selten und in Ansätzen gelingen. Wir werden uns ein Leben lang darum zu bemühen haben. Doch noch vor dem eigenen Bemühen steht die Bitte um die Gnade des Gebets: Gott allein gewährt tiefe Gebetserfahrungen. Ihn darum immer wieder anzuflehen, öffnet uns für ihn.

Weitere Schriftstellen

Matthäus 6,9–13	»Vaterunser«
Matthäus 21,18–22	Glaube und Gebet

Jesus nährt Hungrige
Matthäus 14,13–21

13 Als Jesus all das hörte, fuhr er mit dem Boot in eine einsame Gegend,
um allein zu sein. Aber die Leute in den Städten hörten davon und gingen
ihm zu Fuß nach. 14 Als er ausstieg und die vielen Menschen sah, hatte er
Mitleid mit ihnen und heilte die Kranken, die bei ihnen waren. 15 Als es
Abend wurde, kamen die Jünger zu ihm und sagten: Der Ort ist abgelegen
und es ist schon spät geworden. Schick doch die Menschen weg, damit
sie in die Dörfer gehen und sich etwas zu essen kaufen können. 16 Jesus
antwortete: Sie brauchen nicht wegzugehen. Gebt ihr ihnen zu essen!
17 Sie sagten zu ihm: Wir haben nur fünf Brote und zwei Fische bei uns.
18 Darauf antwortete er: Bringt sie her! 19 Dann ordnete er an, die Leute
sollten sich ins Gras setzen. Und er nahm die fünf Brote und die zwei Fi-
sche, blickte zum Himmel auf, sprach den Lobpreis, brach die Brote und
gab sie den Jüngern; die Jünger aber gaben sie den Leuten, 20 und alle
aßen und wurden satt. Als die Jünger die übrig gebliebenen Brotstücke
einsammelten, wurden zwölf Körbe voll. 21 Es waren etwa fünftausend
Männer, die an dem Mahl teilnahmen, dazu noch Frauen und Kinder.

Hinführung

Von der wunderbaren Speisung der Volksmenge berichten alle Evangelisten. Der geographische Ort dieses Zeichens ist nicht bekannt. Die Geschichte enthält alttestamentliche Bezüge: Sie erinnert an das Volk Israel, das in der Wüste mit himmlischem Manna gespeist wird (Ex 16); oder an die Speisung der 100 Männer durch Elija (2 Kön 4,42–44). Die zwölf mit Resten gefüllten Körbe erinnern an die zwölf Stämme Israels und an die zwölf Apostel – Symbol des neuen Israel der Endzeit. Auch für das Christusbild der Urkirche ist die Geschichte wichtig: Jesus erscheint als der gute, göttliche Hirte, der sich der verlorenen Schafe erbarmt und für seine Herde sorgt. Das wunderbare Mahl weist auf die Eucharistie und letztlich auf das himmlische Hochzeitsmahl voraus, beides Inbegriff des neuen Lebens in der Fülle Gottes.

Die Menschen sind arm, bedürftig, hungrig. Sie suchen körperliche und geistige Nahrung und sind bereit, für die Sättigung auch mühselige und weite Wege zu gehen. Angezogen durch Jesu Wunder und seine unerhört neue Lehre, läuft ihm eine große Volksmenge nach, auch dann, wenn er sich zur Erholung oder zum Gebet zurückziehen will. Jesus hat den Bedürftigen etwas anzubieten und wird deshalb von ihnen im Übermaß beansprucht – das ist die Erfahrung großer Menschen in allen Zeiten und Kulturen.

Jesus hat *Mitleid mit ihnen*. Dieser entscheidende Satz sagt Fundamentales über *Gott*: Der Gott Jesu ist ein Gott, dessen Herz – wenn er Menschen in Not sieht – mit ihnen leidet, ja sich vor Schmerz zusammenzieht, sich um- und hinwendet, sofort gar nicht mehr anders kann als helfend einzugreifen ... Gott *erbarmt* sich der Armen und Bedürftigen und hilft ihnen aus der Not auf. Gott *will*, dass alle Menschen in Würde und in Fülle *leben* können. Sein Sohn Jesus zeigt in seiner Person und in seinem Handeln, wie Gott ist. Wir Menschen können die Barmherzigkeit Gottes gar nicht radikal genug denken. Im Herzen verstehen werden wir sie nur nach und nach, in einer langen Zeit geistlicher Reifung.

Die Jünger wollen die Menge wegschicken. Nach einem anstrengenden Tag sind sie müde und ausgebrannt. Nun haben sie, wie sie meinen, ihren Feierabend verdient. Das offensichtliche Problem, in dieser einsamen Gegend so viele Hungrige mit Nahrung zu versorgen, ist in ihren Augen ohnehin unlösbar. Nachdem die Leute reichlich geistige Nahrung bekommen haben, fühlen sich die Jünger von dieser Sorge entpflichtet; man kann ja nicht für alles zuständig sein. Sie *glauben* nicht, dass das Unmögliche möglich werden könnte.

Jesus hingegen *will helfen*. Er kann sich nicht billig aus der Affäre ziehen. Und er entlässt auch seine Jünger nicht aus der gemeinsamen Verantwortung. Der folgende Wortwechsel wirkt eher künstlich. Was sollten die Jünger denn den Leuten zu essen geben? Offensichtlich will der Erzähler hier die ganze Aufmerksamkeit auf Jesus lenken. Dieser weiß schon, was er tun will. Mit seiner Frage will er auf das nun folgende Wunder hinweisen. Die Augen aller Leute sind auf ihn gerichtet. Er spricht wie ein Hausvater das im Judentum übliche Tischgebet und segnet das Brot. Hoheitlich und souverän wirkt er, als er die Jünger anweist, Brot und Fische auszuteilen. Und das Wunder geschieht. Die Hungrigen werden auf unmöglich erscheinende wunderbare Weise gesättigt. Hier muss Gott am Werk sein. Jesus zeigt sich den Menschen endgültig und unübersehbar als der Bevollmächtigte Gottes.

Gemeinsam zu essen, verbindet Menschen aller Epochen und Kulturen. In der Geschichte vom wunderbaren Mahl *erfahren* die Essenden Gemeinschaft miteinander und mit Jesus; es entsteht *Gemeinde*. Die spätere Eucharistiefeier der Kirche greift diese vorösterliche Mahlerfahrung auf und macht sie zum regelmäßig wiederholten Ritual. In noch höherem Sinn als die leibliche Nahrung ist die eucharistische Nahrung Geschenk und Wunder Gottes. Sie stiftet Gemeinde und Kirche.

Jesus ist ein Hirt und Lehrer, der leibliche Bedürfnisse genauso ernst nimmt wie geistige oder geistliche Bedürfnisse. Ein Hohn wäre, wenn er leiblich Hungernden nur geistige Nahrung anböte. Jesus ernährt die Menschen ganz: Er *will* den Armen *jetzt* aufhelfen, aus reinem *Erbarmen*. Christliche Spiritualität erweist sich als leiblich, erdgebunden, sozial sensibel, realistisch, inkarniert. Zur Fülle des so sehnlich erwarteten und hier schon anbrechenden Reiches Gottes gehört eben auch Essen und Trinken! Das Leben zu spiritualisieren und die Armen auf ein fernes Jenseits zu vertrösten – das ist nicht christlich.

Fragen und Hinweise

Man kann die Geschichte von der wunderbaren Speisung in zwei Richtungen betrachten: Zunächst kann man sich als *Hungernden* sehen, der von Jesus gesättigt wird. Die Erfahrung leiblichen Hungers ist uns zwar fast fremd geworden; wenn wir fasten, können wir sie jedoch ein wenig nachempfinden. Wer tatsächlich hungert, hat Angst vor dem Tod! Diese werden wir nicht nachempfinden, kaum uns vorstellen können. Vielleicht kann ich versuchen zu erspüren, wie armselig und bedürftig, ja wie brüchig meine Existenz ist. Kann ich alle Nahrung – die geistige und leibliche – als von Gott empfangen ansehen, als Geschenk seines Erbarmens? Ich versuche, Gott für das, was ich aus seiner Hand empfange, zu danken. Ich bitte darum, ein vom Dank immer mehr durchdrungener Mensch zu werden, denn auch die Dankbarkeit ist nochmals Gottes Werk in mir und damit Gnade. Man kann die Geschichte auch als Bild der Eucharistie, des Abendmahls betrachten: Gott schenkt das Brot des Lebens immer wieder. Er stiftet darin Gemeinschaft und Segen. Ich danke für die Gnade der Eucharistie.

Oder man sieht sich als Jesu *Jünger*: Mit Jesus erbarme ich mich der Menge, helfe ihm gleichsam bei der Arbeit. Empfinde ich wahres Mitleid mit Hungernden und Armen? Mitleid ist Solidarität und Liebe, wirkliches Mitgehen in die Not, nicht gönnerhafte Zuwendung »von oben herab« oder schnelle Gewissensberuhigung, nicht verächtliches Abfertigen oder patriarchalische Selbstinszenierung. Ich bitte darum, aus einem *liebenden* Herzen heraus helfen zu *wollen* – auch das ist Gnade Gottes. Ich bitte um das rechte Motiv: dass sich nichts Selbstsüchtiges in mein Helfen einschleicht, es mir wirklich um die notleidenden Menschen geht.

Ich möchte Jünger oder Jüngerin Jesu sein: Ich kann betrachten, wie ich nach seinem Vorbild und in seinem Auftrag die Menschen *nähre*: Welches wird konkret meine Aufgabe sein? Zu welchen Menschen bin ich gesandt? Soll ich die Notleidenden geistig oder leiblich nähren? Ich kann den mütterlichen und den väterlichen Zügen in mir nachspüren: Was liegt mir mehr, *wie* nähre und helfe ich Menschen? Als Mann kann ich vielleicht die mütterlichen Züge in mir suchen; als Frau die väterlichen. Oder ist zuerst der gegenteilige Schritt nötig? Wenn ich Gott als liebende Mutter und sorgenden Vater und mich als Gottes Abbild sehe, werde ich mein Tun für die Menschen entsprechend gestalten. Vielleicht erfahre ich in dieser Meditation den inneren Impuls, die Initiative zu ergreifen, für konkretes Helfen in konkreter Not.

Jesus kümmert sich *ganz* um die Menschen. Er zieht sich nicht wie die Jünger am Abend mit der Rechtfertigung zurück, jetzt sei es genug und mehr Hilfe sei gar nicht möglich. Jesus ignoriert seine Müdigkeit und die offensichtliche Unmöglichkeit, Brot zu besorgen. Bin ich bereit, mich ganz einzusetzen, alles zu geben? Und weiter: *Glaube* ich, dass Unmögliches geschehen kann? Vertraue ich darauf, dass Gott mir in der entscheidenden Stunde unter die Arme greift? Kann ich Wunder erhoffen und – wo sie geschehen – staunend wahrnehmen?

Bei diesem Thema gibt es eine Gefahr: Manche Menschen neigen dazu, *zuviel* zu helfen. Sie sind immer nur für andere da, nie für sich selbst. Sie können immer nur geben, nie selbst empfangen. Sie arbeiten sich kaputt für andere, sind bald ausgebrannt und leer. Auch die Arbeit selbst wird dann ineffizient. Viele ältere Menschen haben das in ihrer früheren spirituellen Erziehung so gelernt: Man muss alles geben, sich verzehren, für andere leiden, sich aufopfern ... Diese Spiritualität ist einseitig und deshalb falsch. Bisweilen steht hinter dieser Haltung eine Anlage zur Depression: Weil ich nichts wert bin, muss ich für andere arbeiten. Allein das macht mich wertvoll und liebenswert. Bisweilen stehen unbewusst selbstsüchtige Motive hinter dem überdrehten Helfen: Wem ich helfe, der schuldet mir Dank und ist von mir abhängig. In diesem Fall will ich vor allem Macht ausüben und Gegebenes zurückbekommen ... In dieser Meditation kann ich prüfen, ob ich dazu neige, zuviel zu helfen. Ich versuche, die Geister zu unterscheiden, die mich zum Helfen bewegen. Ich bitte darum, aus lauterer Gesinnung heraus zu helfen. Ich bin unabhängig von meinen Helfer-Leistungen wertvoll und von Gott geliebt. Vielleicht entdecke ich, dass ich mir selbst mehr gönnen muss: Wer nichts hat, kann nichts geben. Ich muss mich selbst nähren und mich von Gott nähren lassen, um andere nähren zu können. Ich bete um das rechte Maß in allem.

Weitere Schriftstellen

Exodus 16	Gott nährt mit Manna das hungrige Volk in der Wüste
Johannes 6,22–59	»Ich bin das Brot des Lebens ...«

Jesus predigt
Lukas 11,37–54

37 Nach dieser Rede lud ein Pharisäer Jesus zum Essen ein. Jesus ging
zu ihm und setzte sich zu Tisch. 38 Als der Pharisäer sah, dass er sich
vor dem Essen nicht die Hände wusch, war er verwundert. 39 Da sagte
der Herr zu ihm: O ihr Pharisäer! Ihr haltet zwar Becher und Teller
außen sauber, innen aber seid ihr voll Raubgier und Bosheit. 40 Ihr
Unverständigen! Hat nicht der, der das Äußere schuf, auch das Innere
geschaffen? 41 Gebt lieber, was in den Schüsseln ist, den Armen, dann
ist für euch alles rein.

42 Doch weh euch Pharisäern! Ihr gebt den Zehnten von Minze,
Gewürzkraut und allem Gemüse, die Gerechtigkeit aber und die Liebe
zu Gott vergesst ihr. Man muss das eine tun, ohne das andere zu unter-
lassen. 43 Weh euch Pharisäern! Ihr wollt in den Synagogen den vorder-
sten Sitz haben und auf den Straßen und Plätzen von allen gegrüßt
werden. 44 Weh euch: Ihr seid wie Gräber, die man nicht mehr sieht;
die Leute gehen darüber, ohne es zu merken. 45 Darauf erwiderte ihm
ein Gesetzeslehrer: Meister, damit beleidigst du auch uns. 46 Er ant-
wortete: Weh auch euch Gesetzeslehrern! Ihr ladet den Menschen
Lasten auf, die sie kaum tragen können, selbst aber rührt ihr keinen
Finger dafür.

47 Weh euch! Ihr errichtet Denkmäler für die Propheten, die von
euren Vätern umgebracht wurden. 48 Damit bestätigt und billigt ihr,
was eure Väter getan haben. Sie haben die Propheten umgebracht, ihr
errichtet ihnen Bauten. 49 Deshalb hat auch die Weisheit Gottes ge-
sagt: Ich werde Propheten und Apostel zu ihnen senden und sie werden
einige von ihnen töten und andere verfolgen, 50 damit das Blut aller
Propheten, das seit der Erschaffung der Welt vergossen worden ist, an
dieser Generation gerächt wird, 51 vom Blut Abels bis zum Blut des Za-
charias, der im Vorhof zwischen Altar und Tempel umgebracht wurde.
Ja, das sage ich euch: An dieser Generation wird es gerächt werden.

52 Weh euch Gesetzeslehrern! Ihr habt den Schlüssel (der Tür) zur
Erkenntnis weggenommen. Ihr selbst seid nicht hineingegangen und
die, die hineingehen wollten, habt ihr daran gehindert.

53 Als Jesus das Haus verlassen hatte, begannen die Schriftgelehrten und die Pharisäer, ihn mit vielerlei Fragen hartnäckig zu bedrängen; 54 sie versuchten, ihm eine Falle zu stellen, damit er sich in seinen eigenen Worten verfange.

Hinführung

Eine gewaltige Predigt hält Jesus den Pharisäern und Gesetzeslehrern! Die Szene ist deutlich: Jesus wird zum Essen eingeladen, wäscht sich aber nicht rituell die Hände. Die jüdischen Reinheitsvorschriften würden dies aber streng fordern. Er wird kritisiert. Seine Reaktion auf die Kritik ist nicht nur unhöflich, sondern schockierend und als Benehmen im fremden Haus unerträglich! Jesus provoziert durch eine Serie von drei »Wehe«-Rufen. Als dem Gastgeber ein anderer Gast zu Hilfe eilt, bekommt dieser ebenso eine dreifache Abfuhr. Am Ende hat Jesus sich den anfangs wohlwollenden Gastgeber und seine Freunde zu Feinden gemacht. Sie planen den Gegenangriff. Die grausame Ermordung Jesu am Kreuz wird der endgültige Gegenschlag sein.

Ist die Rede Jesu nicht jene schreckliche Drohbotschaft, die die Menschen aus den Kirchen treibt? Solche Worte hören wir nicht gern, und wir hören sie nicht oft, denn im Gottesdienst und in der religiösen Unterweisung überspringt man meist Texte, die solcherart verstören. Widersprechen sie nicht unserem guten Bild von Jesus: dass er doch barmherzig und nachsichtig, verständnis- und liebevoll mit den Menschen umgeht? Hier erscheint er unduldsam, streitsüchtig, aggressiv, ein wenig primitiv. Kann er so noch Modell christlichen Lebens sein?

Jesu Vorwurf trifft zunächst den Widerspruch zwischen äußerem Reinigen – von Gefäßen – und innerer Bosheit. Wer fühlte sich nicht ertappt, wenn er äußere Korrektheit und Sauberkeit pflegt, um innere Unordnung und Bosheit zu kaschieren? Auf die Reinheit des Herzens kommt es an! Das Almosengeben – bei Lukas öfter betont – wird als ethisch gute Handlung der kultischen Reinheit gegenübergestellt; offensichtlich ist diese wertlos! Im folgenden Weheruf wird hingegen die äußere religiöse Pflicht nicht abgewertet, sondern an die innere Haltung gebunden. Der zweite Weheruf kritisiert die religiös verbrämte Eitelkeit. Der dritte ist der schwerwiegendste: Nach dem jüdischen Gesetz versündigt sich, wer über ein Grab geht. Jesus macht den religiösen Führern (!) den ungeheuerlichen Vorwurf, sie seien wie ein nicht erkennbares Grab, das heimtückisch die Menschen statt zur Heiligung zur Sünde verführt.

Die »Gesetzeslehrer« sind eine mit den Pharisäern teilweise identische Gruppe von religiösen Führern. Jesu Anklage wird immer härter: Ihrer strengen Auslegung des Gesetzes widerspricht ihr eigenes Verhalten. Durch Spitzfindigkeiten entziehen sie sich selbst dem Anspruch des Gesetzes, den sie an andere stellen. Sie lehnen, indem sie für die ermordeten Propheten Denkmäler errichten, die gegenwärtigen Propheten – wie Jesus – ab. Hier spielt Jesus schon auf das Kreuz an. Schließlich wirft er ihnen vor, ihre exklusive religiöse Erkenntnis dem Volk vorzuenthalten.

Jesu Predigt wirkt zum einen durch ihren Inhalt: Auf die Haltung kommt es an! Dass innere Werte und geäußerte Überzeugungen mit konkreten Verhaltensweisen übereinstimmen – also *Authentizität* – ist für Jesus die zentrale Tugend. Und: Man soll nicht eitel die eigene Ehre und den Status suchen, sondern ehrlich und bescheiden wahre Nächstenliebe *leben*. Es ist verwerflich, wenn Mächtige oder Gebildete sich Privilegien herausnehmen, aber die einfachen Menschen mit harten Pflichten belasten. Jesu Predigt *muss* das religiöse – und politische! – Establishment aller Epochen zurechtweisen. Sie richtet sich gegen Deformierungen im Judentum jener Zeit, ist jedoch im Kern gut alttestamentlich.

Zum anderen wirkt Jesu Predigt durch ihre Form: Jesus ist wütend und aggressiv und darin absolut authentisch, im guten Sinn rücksichtslos. Ihn kümmert nicht, dass er als Gast jede Konvention sprengt. Ihm ist gleichgültig, was die Leute über ihn denken. Er geht ein hohes Risiko ein, nimmt den unweigerlichen Konflikt mit dem stärkeren Gegner in Kauf. Jesus beeindruckt uns, und er erschreckt uns, schüchtert uns ein. Wir fragen unwillkürlich: Ist sein Verhalten nicht nur richtig, sondern auch klug? Nützt er seiner Sache, oder schadet er ihr mehr? Hätte ein diplomatisches Vorgehen nicht mehr Wirkung? Oder sind wir, wenn wir so fragen, nicht selbst schon wieder diplomatisch, angepasst und berechnend, nicht mehr authentisch und radikal?

Ich kann den *Inhalt* der Predigt Jesu betrachten: Inwiefern bin ich selbst nicht authentisch? Spiele ich anderen Tugend oder Frömmigkeit vor, die ich nicht lebe? Halte ich äußere Rituale hoch, um mich vor der inneren Bekehrung zu drücken? Lege ich anderen Lasten auf, die ich selbst umgehe? Bin ich im schlechten Sinn verbürgerlicht: Indem ich »nach außen« moralisch, sozial und kulturell korrekt lebe, im Privaten aber doch allerhand Laster, Feindschaft, Lieblosigkeit pflege? Wo genehmige ich mir selbst einen fetten Wohlstand, den ich anderen grundsätzlich vorenthalte?

Und wenn ich ein Amt oder Verantwortung habe: Wo lasse ich mich durch Macht oder Privilegien korrumpieren? Wo vergieße ich Krokodilstränen darüber, dass Propheten oder überhaupt gute Menschen beschädigt werden, trage jedoch selbst indirekt dazu bei, dass ungerechte Zustände bestehen bleiben?

Ich kann auch die *Weise* des Predigens Jesu betrachten: Bin ich furchtlos und – nochmals diese Frage – authentisch in dem, was meine Überzeugung, mein Glaube, mein innerstes Sein ausmacht? Nehme ich falsche Rücksichten? Gebe ich der Angst um meine Identität und meine Ehre zuviel Raum? Kann ich meinen prophetischen Auftrag annehmen und ihm folgen? Nehme ich dafür Konflikte in Kauf? Kann ich meiner Wut und Aggression Ausdruck geben, auch wenn ich radikal sein muss zu Lasten der Diplomatie und vielleicht auch der »Sache«?

Natürlich müssen Christen in der modernen, vielfach lebensfeindlichen und egoistischen Welt mit Kompromissen leben; auch kirchliches Leben erfordert diese. Meist sind sie frustrierend, beschämend und demütigend. In dieser Meditation kann ich prüfen, wo und wie ich Kompromisse eingegangen bin. War ich in einzelnen Punkten zu feige oder zu egoistisch? Vielleicht muss ich mich dafür schämen und Gott um Verzeihung bitten.

Vielleicht entdecke ich einzelne Punkte, wo ich Schritte – besser kleine, aber dafür konkrete und nachprüfbare! – in Richtung größerer Authentizität gehen kann. Vielleicht sollte ich ganz demütig eingestehen, dass ich auch weiterhin in Kompromissen leben werde. Ich bemühe mich um ein Ja zum Kompromiss. Ich kann Gott um Hilfe bitten, in diesen Dingen das rechte Maß zu finden. Ich bitte um die Gabe der Unterscheidung und um Entschlossenheit und Kraft für die nächsten Schritte.

Weitere Schriftstellen

Jesaja 1,2–31	Predigt wider den leeren Kult und das Unrecht im Volk
Apostelgeschichte 17,16–34	Paulus predigt in Athen

Der reiche Mann

Lukas 18,18–27

18 Einer von den führenden Männern fragte ihn: Guter Meister, was
muss ich tun, um das ewige Leben zu gewinnen? 19 Jesus antwortete:
Warum nennst du mich gut? Niemand ist gut außer Gott, dem Einen.
20 Du kennst doch die Gebote: Du sollst nicht die Ehe brechen, du
sollst nicht töten, du sollst nicht stehlen, du sollst nicht falsch aus-
sagen; ehre deinen Vater und deine Mutter! 21 Er erwiderte: Alle diese
Gebote habe ich von Jugend an befolgt. 22 Als Jesus das hörte, sagte er:
Eines fehlt dir noch: Verkauf alles, was du hast, verteil das Geld an die
Armen und du wirst einen bleibenden Schatz im Himmel haben; dann
komm und folge mir nach! 23 Der Mann aber wurde sehr traurig, als er
das hörte; denn er war überaus reich. 24 Jesus sah ihn an und sagte:
Wie schwer ist es für Menschen, die viel besitzen, in das Reich Gottes
zu kommen! 25 Denn eher geht ein Kamel durch ein Nadelöhr, als dass
ein Reicher in das Reich Gottes gelangt. 26 Die Leute, die das hörten,
fragten: Wer kann dann noch gerettet werden? 27 Er erwiderte: Was für
Menschen unmöglich ist, ist für Gott möglich.

Ein führender, wohlhabender Jude stellt Jesus die Urfrage des religiösen Menschen: Wie soll ich mich recht verhalten; wie Gott wohlgefällig leben; was muss ich tun, um Gott so zu gefallen, dass ich nach dem Tod das ewige Leben erhalten werde? Wir könnten nun die Frage bedenken, ob man sich überhaupt durch Tun das ewige Leben »verdienen« kann und was dies für unseren Glauben und für unser Gottesbild bedeuten würde. Klar ist: »Verdienen« kann man das ewige Leben nicht. Gott schenkt uns überreich seine Gnade, auch und vor allem die des ewigen Lebens, und er erwartet, dass wir als Antwort darauf uns auf ihn ausrichten und *gut* leben, so wie er es – zu *unserem* Heil – will. Geben wir ihm diese Antwort nicht, so droht er, uns zu verwerfen; ob diese Drohung nur pädagogisch gemeint ist oder ob er sie wahrzumachen bereit ist, wissen wir nicht. In unserer Erzählung geht es nicht um solche eher abstrakten Probleme, sondern um die praktische Frage, wie wir Christen in dieser Welt unser Leben *besser* gestalten können, zur Ehre Gottes und – das ist identisch – zu unserem Heil.

Jesus antwortet so, wie es jeder Jude seiner Zeit getan hätte: Er verweist auf die Zehn Gebote des Alten Testaments. Sie sind Fundament der jüdischen wie der christlichen Ethik. In diesen zehn »Weisungen« (Dtn 5,6–21; Ex 20,2–17) gibt Gott seinem Volk die Grundnorm des Verhaltens. Gott steckt gewissermaßen die Grenzpfähle des Erlaubten ab, die allerdings noch weiten Spielraum dafür lassen, konkret das Leben zu gestalten. Wer sich an diese Weisung Gottes hält, lebt gottgefällig. Er weiß, dass Gott ihm seine Gnade und das ewige Leben schenken wird.

Der reiche Mann lebt nach den Zehn Geboten von Jugend an. Seine Frage zielt auf eine tiefere Dimension: Er will in irgendeinem Sinn *mehr* für Gott tun, dass heißt nicht nur Grenzen des Erlaubten beachten, sondern radikaler sein Leben Gott zur Verfügung stellen, großherziger das geben, was er empfangen hat, intensiver seinen Glauben in Engagement umsetzen, enger Christus nachfolgen ... Jesus gibt dem Mann eine klare und ihn vermutlich überraschende Antwort: Er soll alles verkaufen, das Geld an die Armen verteilen, dann ihm nachfolgen. Für Jesus besteht der entscheidende Schritt auf dem Weg intensiver Nachfolge offensichtlich nicht darin, mehr für andere zu arbeiten, besser seine Kräfte zu organisieren oder lauter in der Öffentlichkeit seine Stimme für Gott zu erheben, sondern in der scheinbar privaten und durchaus nüchternen, ja prosaischen Tat, *alle Besitztümer wegzugeben*!

Sich nicht an Irdisches zu klammern, frei zu werden von den tausend Anhänglichkeiten an Güter aller Art, im Herzen und im konkreten Tun zu realisieren, dass die Gestalt dieser Welt, ihre Annehmlichkeiten, ihre Genüsse, ihre Macht vergehen werden und dass allein andere Werte für Gott und für das ewige Leben zählen, das macht den entscheidenden Schritt zu einer größeren Nachfolge Christi aus. Dieser Schritt ist zugleich sehr einfach und sehr schwer. Der Mann in der Erzählung spürt instinktiv, dass er ihn nicht schaffen wird, und wendet sich ab. Er hat Jesus – bei aller Verblüffung über dessen Antwort – sehr wohl verstanden. Seine Traurigkeit kommt aus dem Eingeständnis, dass er zu sehr an seinen großen Besitz gebunden ist. Arme Menschen tun sich in der Tat leichter, auf Gott zu vertrauen und Christus zu folgen, denn sie haben nichts, was sie an Irdisches binden und damit von Gott fernhalten könnte.

Nur im Lukasevangelium ist der besondere Blick Jesu überliefert: Er ist ernst und traurig. Jesus spürt zum einen das Scheitern des Mannes, zum anderen dessen inneres Leiden an diesem Scheitern. Aber Jesus verurteilt den Mann nicht, sondern leidet mit ihm und nimmt ihn mit seinem wohl strengen, zugleich jedoch liebevollen und verzeihenden Blick erneut an.

Weil reiche Menschen fast immer zu sehr an ihren Besitz gebunden und daher nicht frei für Gott sind – so Jesu Erfahrung –, kann ein Reicher nur schwer ins Himmelreich kommen; das Wort vom Kamel und vom Nadelöhr ist ein damals gängiges Sprichwort. Jesu Rede klingt nüchtern, ein wenig resigniert – oder gar sarkastisch? Sie zeugt von dem geradezu bodenlosen Realitätssinn Jesu, der die Menschen damals wie heute schockiert, so dass sie fragen: Wer kann dann noch gerettet werden?! Die Antwort Jesu ist wiederum verblüffend einfach, absolut klar, und sie dreht auf geniale Weise alles radikal um, ohne jedoch die vorige Aussage zunichte zu machen: »Für Gott ist nichts unmöglich.«

Lebe ich »von Jugend an« treu die Weisungen Gottes? Kann ich von mir sagen, dass ich heute die Zehn Gebote halte, nicht nur im Reden und Handeln, sondern auch im Sinnen des Herzens? Schaue ich auf den Mann der Erzählung, weil er seinen Besitz nicht aufgeben kann, ein wenig hochmütig herab und merke nicht, dass ich ihm schon auf dem Weg der Gebote nicht einmal ebenbürtig bin?

Will ich Christus radikal nachfolgen? Will ich *mehr geben*, als es die gewöhnliche, in vielem verbürgerlichte Lebensweise vieler Christen zulässt? Beschäftigt mich überhaupt die Frage, wie ich Gott gefällig leben soll? Entdecke ich in mir die Sehnsucht nach größerer christlicher Hingabe, und nähre und pflege ich sie im Gebet? Oder verdränge ich sie allzu leicht und rede mir ein, dass ich doch schon genug tue?

Hänge ich an meinen Gütern? An materiellen Besitztümern, an Gaben und Fertigkeiten, an Leistungen und Erfolgen, an Erinnerungen und Erlebnissen, an Befriedigung und Genuss, an menschlichen Beziehungen und Ritualen, an meiner Ehre und meinem Stolz, letztlich an diesem Ich, das sich selbst immer so wichtig nimmt? Brauche ich das stolze Bewusstsein, die Zehn Gebote immer – bürgerlich-anständig – erfüllt zu haben? Alle diese Dinge, auch moralische Geradheit, sind keineswegs in sich schlecht und daher verachtenswert, sondern nur dann, wenn ich mich an sie verliere, wenn sie alle meine Energie verzehren und mich unfrei für den Nächsten und für Gott machen. Ich prüfe mich ehrlich und nehme wahr, was mich bindet.

Oder kann ich Besitz loslassen? Bemühe ich mich wenigstens darum, schrittweise von Anhänglichkeiten frei zu werden? Oder resigniere ich sofort und wende mich traurig ab? Ich lasse mich von dem Blick, den Jesus dem Mann zuwirft, selbst treffen: Gilt er auch mir? Wie empfinde ich ihn für mich: traurig und enttäuscht, wehmütig und resigniert – oder verzeihend und liebevoll, vielleicht fordernd und ungeduldig? Wo kann ich – in meiner Lebenssituation – in wenigstens einer konkreten Angelegenheit etwas loslassen? Ich kann mir einen konkreten Vorsatz fassen und dessen Verwirklichung planen. Ich bitte Gott um Hilfe und Kraft, diesen Schritt zu tun.

Vielleicht merke ich, dass ich es – wie der Mann in der Erzählung – einfach nicht schaffe. Ich bin zu sehr an die Dinge und an mich selbst gebunden. Wie geht es mir mit dieser Entdeckung? Habe ich Angst, das ewige Leben zu verlieren? Oder kann ich darauf vertrauen, dass Gott auch auf den krummen Zeilen meiner Gebundenheit gerade schreibt? Dass ihm meine ehrliche Absicht mehr wert ist als meine tatsächlichen Erfolge? Dass Gott selbst mich Kamel durch das Nadelöhr bringen wird, weil für ihn nichts unmöglich ist? Ich halte ihm die Armseligkeit meines Gebundenseins hin. Wenn ich mich *mit ihr* in den Abgrund des göttlichen Erbarmens werfe, verwandelt Gott sie zu einer *seligen Armut*. Ich bitte um diese Verwandlung.

Weitere Schriftstellen

Lukas 9,57–62	Radikale Nachfolge
Philipper 3,7–14	Loslassen um Christi willen

»Ich bin ja noch so jung«
Jeremia 1,4–10

4 Das Wort des Herrn erging an mich: 5 Noch ehe ich dich im Mutterleib
formte, habe ich dich ausersehen, noch ehe du aus dem Mutterschoß
hervorkamst, habe ich dich geheiligt, zum Propheten für die Völker
habe ich dich bestimmt. 6 Da sagte ich: Ach, mein Gott und Herr, ich
kann doch nicht reden, ich bin ja noch so jung. 7 Aber der Herr er-
widerte mir: Sag nicht: Ich bin noch so jung. Wohin ich dich auch
sende, dahin sollst du gehen, und was ich dir auftrage, das sollst du
verkünden. 8 Fürchte dich nicht vor ihnen; denn ich bin mit dir, um dich
zu retten – Spruch des Herrn. 9 Dann streckte der Herr seine Hand aus,
berührte meinen Mund und sagte zu mir: Hiermit lege ich meine Worte
in deinen Mund. 10 Sieh her! Am heutigen Tag setze ich dich über Völ-
ker und Reiche; du sollst ausreißen und niederreißen, vernichten und
einreißen, aufbauen und einpflanzen.

Hinführung

Im Gegensatz zu anderen Propheten (Jes 6; Ez 1–3) wird Jeremia nicht in einer Gottes*schau* (Vision) berufen. Jeremia *hört* – eher nüchtern wird das beschrieben – das Wort des Herrn. Gott teilt ihm einfach mit, was er mit ihm vorhat. Dass Gott Jeremia erwählt hat, »noch ehe« er ihn »im Mutterleib formte«, deutet sprachlich auf ein Schöpfungsgeschehen hin: Diesen Mann hat Gott sich eigens *als Propheten* erschaffen! »Ausersehen« – wörtlich übersetzt: »erkannt« – schließt in der Bibel immer eine vertrauensvolle, ja liebevolle persönliche Beziehung ein. Hier wird eine individuelle Berufung als direkter Schöpfungsakt Gottes verstanden! Gott »heiligt« Jeremia, das heißt er wählt ihn aus und beauftragt ihn. Jeremia wird Prophet *für die Völker* sein – ein gewaltiger Anspruch angesichts der verschwindend kleinen Rolle, die Israel damals im Konzert der Großmächte spielt. Gott will ankündigen, dass er sich machtvoll als Herr der Geschichte durchsetzen wird.

Verständlich ist die Abwehr des Jeremia: Er hat Angst, »nicht reden« zu können, weil er zu jung sei. Die Stimme Gottes ist für Jeremia eine fremde Macht, die ihn überwältigt und überfordert. Vermutlich ist er noch minderjährig, und sein Wort zählt nicht vor den Erwachsenen; auch vor Gericht darf er nicht Zeugnis geben. Jeremia weiß, dass Gott über die Zustände im Volk erzürnt ist. Wenn er Gottes Wille verkünden soll, muss er auf Widerstand stoßen, und wahrscheinlich wird er an Leib und Leben bedroht werden! Jeremias Erschrecken und sein Widerstand gegen den göttlichen Auftrag – sie sprechen uns unmittelbar ins Herz.

Gottes Reaktion ist harsch: Den Einwand, Jeremia sei zu jung, lässt er nicht zu. Sein Befehl muss ausgeführt werden. Allerdings sichert er Jeremia Unterstützung zu: Das »Ich bin mit dir« Gottes wird ihn aus der Hand der Verfolger erretten. Dann berührt Gott Jeremias Mund. Hier kommt ein visionäres Element in die als Dialog gestaltete Szene. Sinnenhaft und als Zeichen demonstriert Gott, dass Jeremias Prophetenrede sein göttliches Wort sein wird. Am Ende erklärt Gott nochmals die Position Jeremias und seinen universalen Auftrag. Die konkrete Aufgabe wird eine doppelte sein: Böses zerstören und Gutes aufbauen. Dabei überwiegt das Zerstören, vierfach ausgedrückt, das nur zweifach erwähnte Aufbauen. Doch die Zielrichtung ist deutlich: Mit Jeremias Hilfe wird Gott nach einem radikalen und schmerzhaften Zerstörungswerk sein Volk wieder aufrichten.

Als junger Mann wird Jeremia im Jahre 626 vor Christus, im 13. Regierungsjahr des Königs Joschija, zum Propheten berufen. Im Auftrag Gottes kündet er den Untergang des Reiches Juda an. In den folgenden Jahrzehnten bewahrheiten sich seine Weissagungen: Schrittweise werden Israel und Juda von anderen Mächten abhängig und dann erobert. Zuletzt wird 587 Jerusalem eingenommen und vollständig zerstört. Die meisten noch verbliebenen Menschen werden in die babylonische Gefangenschaft verschleppt. Jeremia erlebt diese traurigen Jahrzehnte ganz mit. Er bleibt nach der Vertreibung des Volkes zunächst in Palästina, muss dann jedoch nach Ägypten fliehen und stirbt dort. Jeremia ist uns als Person besonders nahe, weil in seinem Prophetenbuch nicht nur dramatisch seine äußeren Konflikte, sondern auch ausführlich seine inneren Krisen erzählt werden. Schon seine Berufung ist eine erste Krise. Doch Gott lässt nicht mit sich handeln. Er greift einfach zu, nimmt Jeremia aus dem Volk heraus und setzt ihn so ein, wie er ihn braucht.

Fragen und Hinweise

Ich vernehme einen Anruf Gottes. Vielleicht kommt er durch die Stimme eines Mitmenschen über mich, oder ein Ereignis springt mich an, oder ich verspüre den Auftrag von innen her – oder all das zusammen. Vielleicht hat Gott mich eigens für diesen Auftrag *geschaffen*!? Bin ich offen für seinen Anruf, lasse ich mich in Dienst nehmen? Und wenn ich mich überfordert, »so jung« fühle und deswegen Angst bekomme: Kann ich vor mir selbst und vor Gott zu diesen Gefühlen stehen? Ehrlich sollte ich das Gespräch mit Gott suchen. Vielleicht muss ich neu prüfen, ob das vernommene Wort tatsächlich die Stimme Gottes war – oder nur ein Trugschluss.

Wenn aber Gott unnachgiebig bleibt; wenn die Stimme, die ich höre, sich doch als die seine erweist; wenn er auf meine Einwände nicht hört, mich einfach packt und mitnimmt: Bin ich dann verfügbar? Lasse ich mich in Dienst nehmen? Vertraue ich darauf, dass er *bei mir* ist und mich rettet, dass er mir die rechten Worte – seine Worte – in den Mund legt? Und dass er mir im richtigen Augenblick mitteilt, was ich reden und wie ich handeln soll?

Mein Auftrag *kann* Einschränkungen und Verzichte fordern oder gar gefährlich werden: Wie reagiere ich auf solche Aussichten? Mit Angst und Panik? Mit Ausflüchten und Entschuldigungen? Mit Verdrängen und Weglaufen? Oder mit der Bereitschaft, Ja zu dem zu sagen, was Gott mit mir vorhat? Wie wichtig ist mir mein Wohlergehen und mein Überleben?

Vielleicht besteht mein Auftrag darin, dass ich – für ziemlich lange Zeit! – nur »niederreißen und vernichten« soll. Einen solchen Auftrag werde ich kaum ganz verstehen. Kann ich ihn dennoch akzeptieren? Vielleicht muss in unserer kaputten Welt vieles erst vergehen, damit Gott Neues wachsen lassen kann. Vielleicht muss ich zum prophetischen Neinsager gegen die Torheit und Korruption unserer Lebenskultur werden. Und vielleicht habe ich den dadurch provozierten Widerstand und Ärger einfach auszuhalten …

In einer zunehmend komplexen und problembeladenen Welt Verantwortung zu übernehmen, macht vielen Menschen Angst: »Ach, mein Gott und Herr, ich kann doch nicht reden, ich bin ja noch so jung …«. Ich vertraue darauf, dass Gott mich reifen lässt und mir in der Stunde der Wahrheit die nötige Kraft und das rechte Wort gibt. Ich bete um Vertrauen und Mut, meine Sendung zu erkennen und zu erfüllen. Ich bitte Gott darum, dass er mich nicht überfordere. Ich biete ihm meinen Dienst und mein Leben an.

Weitere Schriftstellen

Richter 6,11–24	Berufung Gideons
1 Samuel 17,41–54	David besiegt Goliat

Paulus verkündet Christus
2 Korinther 4,1–6

1 Daher erlahmt unser Eifer nicht in dem Dienst, der uns durch Gottes
Erbarmen übertragen wurde. 2 Wir haben uns von aller schimpflichen
Arglist losgesagt; wir handeln nicht hinterhältig und verfälschen das
Wort Gottes nicht, sondern lehren offen die Wahrheit. So empfehlen
wir uns vor dem Angesicht Gottes jedem menschlichen Gewissen.
3 Wenn unser Evangelium dennoch verhüllt ist, ist es nur denen ver-
hüllt, die verloren gehen; 4 denn der Gott dieser Weltzeit hat das
Denken der Ungläubigen verblendet. So strahlt ihnen der Glanz der
Heilsbotschaft nicht auf, der Botschaft von der Herrlichkeit Christi,
der Gottes Ebenbild ist. 5 Wir verkündigen nämlich nicht uns selbst,
sondern Jesus Christus als den Herrn, uns aber als eure Knechte um
Jesu willen. 6 Denn Gott, der sprach: Aus Finsternis soll Licht aufleuch-
ten!, er ist in unseren Herzen aufgeleuchtet, damit wir erleuchtet wer-
den zur Erkenntnis des göttlichen Glanzes auf dem Antlitz Christi.

Hinführung

Im zweiten Korintherbrief reflektiert Paulus seinen Apostelдienst. Er, der vorher als eifriger Jude die junge Christenheit verfolgt hat, wird von Christus vor Damaskus gepackt und überwältigt. Gott wendet sein Herz und seinen Geist radikal um und macht ihn zum glühenden Missionar des Glaubens an Jesus von Nazaret, den Messias Gottes. Nun eilt er durch die damals bekannte Welt, um »allen Völkern« davon zu erzählen, was Gott durch Jesus Christus gewirkt hat. Paulus muss auf seinen Missionsreisen immer wieder kämpfen, gegen innere und äußere Widerstände. Der zweite Korintherbrief spiegelt seine widersprüchlichen, bisweilen harten Erfahrungen wieder. Mit der Gemeinde von Korinth hat Paulus einen aufreibenden Konflikt, dessen Hintergründe wir nicht genau kennen. In unserem Abschnitt beschreibt Paulus für die Korinther, wie er seinen Apostelдienst versteht.

Trotz aller Schwierigkeiten bleibt Paulus eifrig in seinem Dienst. »Durch Gottes Erbarmen« ist dieser ihm übertragen: Gott hat Mitleid mit den Menschen und will ihnen durch das Wirken des Apostels aufhelfen. In V. 2 wehrt sich Paulus gegen Missverständnisse und Vorwürfe. Offensichtlich verfälschen in Korinth andere Apostel das Evangelium, werfen aber genau das ihm vor. Er jedoch hat ein reines Gewissen und empfiehlt sich jedem gewissenhaften Menschen. Seine »Wahrheit« steht im Gegensatz zur »Verhüllung« des Evangeliums, die das Schicksal der »Verlorenen« sein wird. Nicht er als Verkündiger verhüllt das Evangelium, sondern die Hörer der Botschaft sind zu wenig aufnahmebereit für sein Wort.

Mit dem »Gott der Weltzeit« spricht Paulus eine teuflische Macht an, die er fast dualistisch gegen seine »Wahrheit«, die Wahrheit Christi, stellt. Nun ist mit Christus allerdings schon das Ende der »Weltzeit« gekommen, so dass es neben Gott keine vergleichbare Gegenmacht mehr geben kann; der Gott der Weltzeit hat seine Macht schon verloren, nur verblenden kann er noch einige ... Mit diesen Worten will Paulus das große, erschreckende Rätsel des Unglaubens und zugleich den Ernst der geforderten Entscheidung unterstreichen! Mit optischen Vorstellungen beschreibt er Unglaube und Glaube: »Verblendet« sind die Ungläubigen. »Glauben« hingegen bedeutet, dass »der Glanz der Heilsbotschaft aufstrahlt«; Christus, dessen »Herrlichkeit« verkündet wird, ist Gottes »Ebenbild«.

V. 5 bringt seine Aufgabe auf den Punkt: »Sich selbst« zu verkünden, ist eine Versuchung vieler Apostel. Anstatt hinter der Botschaft zurückzutreten, stellen sie die eigene Person und den eigenen Erfolg in den Mittelpunkt. Paulus hingegen verkündet, wie er vielfach betont, den irdischen, gekreuzigten Jesus und zugleich den auferstandenen Christus. Jesus Christus ist für ihn *eine* Person, sie steht als einzige im Mittelpunkt. Christus ist bei Gott erhöht und im Heiligen Geist immer gegenwärtig. Wenn sich nun Paulus als Knecht bezeichnet, so will er sich nicht abhängig oder unterwürfig zeigen, sondern er spielt auf Jesus an, der selbst Knecht für die Menschen wurde (Phil 2,7–8). Seine Hingabe am Kreuz war – in all ihrer Mühsal und allem Leiden – der Dienst eines Knechts für das Heil der Welt. Ein Apostel, der ihn verkündet, wird in diesen

Knechtsdienst hineingenommen und legt so selbst ein existentielles Zeugnis für seinen Herrn ab. Für Paulus ist der Aposteldienst zur Mühsal geworden, ja zu einem eigenen *Kreuz*, das er *für sie*, die Gemeinde, auf sich nimmt. Das »Für euch« nimmt nochmals auf, dass Jesus *für uns* gestorben ist, zu unserem Heil.

Nun greift Paulus das Bild des hellen Lichts auf. V. 6 zitiert wörtlich die Schöpfungsgeschichte (Gen 1,3): Wie Gott am Anfang aus finsterem Chaos großartig helles Licht schuf, so erlebte Paulus seine Bekehrung als eine Art Neuschöpfung durch Gott selbst! Der Schöpfer leuchtete in die Finsternis seines Unglaubens hinein und strahlte »in seinem Herzen« auf. Bis heute erzählen viele Menschen, die eine plötzliche Bekehrung erlebten, dass sie von einer Überfülle inneren Lichts überwältigt wurden. Dieses Strahlen tragen sie dann *als Apostel* in die finstere Welt hinein. Paulus hat den »göttlichen Glanz auf dem Antlitz Christi« erkannt. Dies ist eine Umschreibung für seinen Glauben, denn wer im Menschen Jesus den Glanz Gottes wahrnimmt, glaubt an Jesus den Christus, den Sohn Gottes und Erlöser der Welt. Paulus konnte diesen Glanz Christi so klar erkennen, weil sein Herz selbst von Gott erleuchtet war. Dieses Herz – das heißt seine Persönlichkeit im tiefsten Kern ihres Daseins – wurde so zum Spiegel, der das Licht Christi aufnimmt und zu den Menschen hin reflektiert.

Wie öfter in seinen Briefen wirkt Paulus in diesem Abschnitt recht selbstbewusst. Er verteidigt sich gegen Vorwürfe und betont, dass er das rechte Evangelium empfangen hat und nun verkündet. Manches an seinen Texten ist situationsbedingt und polemisch, manches heute schwer zu deuten. Für uns bleibt die exemplarische Selbstreflexion eines Menschen, der von Christi Licht erfüllt ist und sein Leben ganz in den Dienst des Glaubens und der Verkündigung stellt. Wer so lebt, darf selbstbewusst und kämpferisch auftreten. In diesem Sinn ist uns Paulus Vorbild christlicher Hingabe. Seine Person und sein Werk prägen die Christen aller Zeiten.

Diese Meditation wird besonders fruchtbar für Menschen sein, die aktiv im Dienst der Verkündigung des Glaubens stehen. In einem weiteren Sinn bezeugt jedoch jede und jeder, die Gott suchen und finden, durch ihr *Leben* das Licht Gottes. Der Glaube und die Liebe erfüllen ihn und machen ihn zum »Apostel«. Daher kann jeder Suchende mit diesem Text seinen Glauben erneuern und Wege entdecken, zum Spiegel göttlichen Lichts zu werden.

Ich kann meinen *Bekehrungsweg* anschauen: Wie suchte und suche ich Gott? Wie kam ich zu einem persönlichen Glaubensweg? Kann ich sagen, dass der Glanz Christi die Finsternis meines Unglaubens erleuchtet und mich neu geschaffen hat? Bin ich mir bewusst, dass ich mit dem Glauben an Christus ein einzigartiges Geschenk bekommen habe? Vielleicht fällt es mir schwer, direkt zu sagen, dass »Christus« mich erleuchtet habe oder dass ich »Jesus begegne«; vielleicht ist mir diese Ausdrucksweise zu charismatisch oder zu mystisch. Doch es kommt nicht auf die Sprache an. Der Glaube an Gott, der sich uns in Jesus Christus zeigt, befreit und heilt mich. Er ist eine eigentümliche Wahrheit, die mein Leben verändert. Er ist mir Licht in der Finsternis, gibt mir Halt und Hoffnung. Wenn ich diese Erfahrung gemacht habe und mache, kann ich die Gedanken des Paulus gut nachvollziehen; wenn nicht, werde ich sie suchen und erbitten.

Ich kann meinen *Glauben* anschauen: Lasse ich das Licht Christi so in mein Herz hinein leuchten, dass dieses hell erstrahlt? Oder gebe ich dem Missmut Raum, meiner Frustration, meiner Kritiklust? Viele Christen wirken ständig unzufrieden, nörglerisch, bitter, voller Ressentiments. Sie sagen kein optimistisches und freudiges Ja zur Gegenwart, sondern verlieren sich in Träumen von einer verklärten Vergangenheit oder einer ruhmreichen Zukunft. Ich kann mich um dieses innere Ja zur Welt, zum Dasein und zu Gott bemühen. Ich kann das Gute und Wahre in den Dingen wahrzunehmen *üben*. Im Licht des Glaubens betrachte ich die Welt mit anderen Augen: als eine Welt, die im Grund schon befreit und erlöst ist. Dabei blende ich – wie Paulus – die Schwierigkeiten und das Unheil keineswegs aus; das wäre ja eine neue, andere Verblendung. Ich kämpfe sogar leidenschaftlich gegen das Böse und für das Gute. Mein Kampf ist oft harter Knechtsdienst. Doch das Licht Christi erleuchtet mein Herz so sehr, dass das Vertrauen und die Hoffnung alles überstrahlen und ich ein gelassener und zufriedener Mensch bin. Ich kann mich um diesen Glauben immer wieder mühen und – noch wichtiger – um ihn bitten.

Ich kann mich als *Diener Christi und der Menschen* anschauen: Bin ich mir bewusst, dass mein Gesicht den Glanz Christi widerspiegelt? Oder spiegelt es nur Missmut, Neid oder Ängstlichkeit wider? Lebe ich so die Liebe, dass ich durch mein Wirken Christ bzw. Christin bin und auch so wahrgenommen werde? Habe ich den Mut, mich in manchen Dingen anders zu verhalten als die Menge der Leute, auch auf die Gefahr hin, von ihnen verlacht oder beschimpft oder ausgegrenzt zu werden? Bin ich bereit, im Dienst einer guten Sache Knecht, Dienerin zu werden, oder achte ich immer ängstlich darauf, nicht zuviel von mir und meinem Wohlergehen opfern zu müssen?

Wenn ich *Apostel* oder *Apostelin* bin und aktiv, vielleicht hauptberuflich Christus verkünde: Sehe ich, dass ich vor allem durch mein Sein und durch mein Verhalten verkündige, nicht so sehr durch meine klugen Worte oder mein strenges Arbeiten? Verkündige ich zu sehr mich selbst, das heißt diene ich vor allem meiner Eitelkeit, Macht oder Karriere? Oder verkündige ich – als *Spiegel* seiner Herrlichkeit – Christus so, dass ich selbst hinter der Botschaft zurücktrete? Habe ich den Mut, den »Gott der Weltzeit« zu benennen und mich von ihm abzusetzen? Stelle ich immer wieder den Menschen und seine Nöte in den Mittelpunkt oder doch eher die Interessen einer Institution? Lasse ich mich knechtisch in Dienst nehmen? Akzeptiere ich, dass der Apostel im Grunde kein Privatleben mehr hat, sondern mit ganzer Existenz – oder eben gar nicht – Zeugnis ablegt? Arrangiere ich mich mit einer übergroßen Diskrepanz zwischen dem, was ich anderen predige, und dem, was ich selbst lebe? Trete ich mit zu wenig Selbstbewusstsein auf, so dass die Botschaft nicht aufleuchten kann – oder entwickle ich umgekehrt zuviel Selbstbewusstsein, so dass mein Ich die Botschaft überlagert und ich die Leute abschrecke? Mit Blick auf Paulus schaue ich meinen Aposteldienst an und orientiere ihn neu. Ich bete darum, dass der Herr mein Herz erleuchte und meinen Blick schärfe und ich ihn wirksam verkünde.

Weitere Schrifttexte

Lukas 10,1–22	Jesus sendet die Jünger aus
1 Korinther 1,18–31	Paulus, Verkünder des Kreuzes Christi

Der kleine Zöllner

Lukas 19,1–10

1 Dann kam er nach Jericho und ging durch die Stadt. 2 Dort wohnte ein
Mann namens Zachäus; er war der oberste Zollpächter und war sehr
reich. 3 Er wollte gern sehen, wer dieser Jesus sei, doch die Menschen-
menge versperrte ihm die Sicht; denn er war klein. 4 Darum lief er vor-
aus und stieg auf einen Maulbeerfeigenbaum, um Jesus zu sehen, der
dort vorbeikommen musste. 5 Als Jesus an die Stelle kam, schaute er
hinauf und sagte zu ihm: Zachäus, komm schnell herunter! Denn ich
muss heute in deinem Haus zu Gast sein. 6 Da stieg er schnell herunter
und nahm Jesus freudig bei sich auf. 7 Als die Leute das sahen, empör-
ten sie sich und sagten: Er ist bei einem Sünder eingekehrt. 8 Zachäus
aber wandte sich an den Herrn und sagte: Herr, die Hälfte meines Ver-
mögens will ich den Armen geben, und wenn ich von jemand zu viel
gefordert habe, gebe ich ihm das Vierfache zurück. 9 Da sagte Jesus zu
ihm: Heute ist diesem Haus das Heil geschenkt worden, weil auch
dieser Mann ein Sohn Abrahams ist. 10 Denn der Menschensohn ist
gekommen, um zu suchen und zu retten, was verloren ist.

Hinführung

Zachäus ist groß und klein: Groß ist er, weil er als oberster Zollpächter Jerichos viel Macht und Geld hat und dafür geachtet und gefürchtet ist. Klein ist er körperlich, aber auch seelisch: zum einen weil er unter seinem körperlichen Makel seelisch leidet und auch noch spüren muss, wie die Menschen deswegen auf ihn herabschauen; zum anderen, weil er wegen seines Berufes gemieden und gedemütigt wird. Sein Selbstwertgefühl schwankt hin und her, zwischen sehr groß und sehr klein. Bisweilen fühlt er sich riesig, bedeutend, heldenhaft – dann der plötzliche Umschlag in depressive Stimmung: Ich bin so klein, ich kann nichts, bin nichts wert. Zachäus ist wie ein kleiner Junge, der von großen Heldentaten träumt und doch unendlich Angst hat. Er *macht* sich durch Macht und Geld groß, das heißt er spielt sich Größe vor und überspielt seine Kleinheit. Aber im Herzen weiß er längst, dass er in Wahrheit ganz klein ist. Jäh überfällt ihn in Momenten der Einsamkeit diese Erkenntnis und drückt ihn unendlich nieder.

Zollpächter sind reiche Juden, Einheimische, die mit den verhassten Römern zusammenarbeiten und dieser Besatzungsmacht helfen, das Land wirtschaftlich auszubeuten. Mit erpresserischen Methoden treiben sie für die Römer Steuern ein und bereichern sich selbst durch die Anteile, die sie davon erhalten. Ein solcher Beruf ist moralisch zweifelhaft. Zachäus ist sich dieser Situation bewusst. Vielleicht hat er schon seit langer Zeit Gewissensbisse und Zweifel. Vielleicht fühlt er sich unfähig, seine Geldgier abzustreifen und sich aus der Verstrickung in das korrupte Steuersystem zu lösen. Vielleicht spürt er, dass diese Unfähigkeit damit zusammenhängt, dass er krampfhaft größer sein will, als er ist. Vielleicht leidet er unter dieser Unfähigkeit und verachtet sich dafür.

Von Jesus, dem Wunderrabbi aus Nazaret, hat Zachäus gehört. Nun hegt er die unbestimmte Vermutung, dass dieser Mann für ihn wichtig werden könnte, auch wenn er nicht weiß, wie das geschehen kann. Er will ihn sehen und steigt auf den Maulbeerfeigenbaum. Der Baum ist nochmals Symbol dafür, dass der kleine Mann größer sein will, als er ist. Der Baumstamm ist die Krücke, an der sich Zachäus hochzieht. Oben hat er den größeren Überblick und das beruhigende Gefühl, alles im Griff zu haben. Gleichzeitig bietet ihm der Baum Deckung und Distanz: Wenn er dort oben im Laub sitzt, wird ihn Jesus kaum bemerken. Schon gar nicht kann er ihm dort so nahe kommen, dass es gefährlich wird. Sonst müsste Zachäus in seinem Leben ja etwas verändern! Davor hätte er Angst. Das will er um keinen Preis.

Jesus kommt näher, sieht ihn – und ruft ihn herunter! Zachäus fährt zusammen. Er zittert bis in die Knochen. Was bedeutet das? Und warum *muss* Jesus in seinem Haus zu Gast sein? Warum gerade bei ihm, dem Unreinen, Verachteten, Unwürdigen? Überrascht, angstvoll und zugleich beglückt steigt Zachäus vom Baum. Ist das nun eine Ehre für ihn, den kleinen Zöllner? Eine seltsame Ehre! Oder will Jesus ihn bloßstellen? Vor allen Leuten! Zachäus ist verunsichert, irritiert. Aber er stellt sich der Begegnung seines Lebens. Aus seiner angemaßten Höhe steigt er zur Erde hinunter. Er akzeptiert wieder seine reale Größe, bekommt Bodenkontakt. Er stellt sich – zugleich schmerzhaft und freudig – seiner so bescheidenen Wahrheit.

Das Glücksgefühl überwiegt dann doch. Freudig nimmt Zachäus Jesus in sein Haus auf. Die Menge empört sich, weil Zachäus unrein ist. Dieser weiß schon, dass er ein Ausgestoßener ist. Nur Jesus ficht das nicht an. Indem der berühmte Rabbi bei ihm und mit ihm isst, wertet er ihn unendlich auf: Die gemeinsame Mahlzeit drückt aus, dass Jesus ihn anerkennt, wertschätzt, liebt. Ein überwältigendes Glücksgefühl muss Zachäus durchfluten. Nun ist er nicht mehr scheinbar groß, das heißt mit schmutzigem Geld oder einem zufällig dastehenden Baum groß *gemacht*, sondern wirklich groß. Dass ein Großer sich ihm zuwendet und ihn anerkennt, das macht den Kleinen groß. Oder: Indem der Reine mit dem Unreinen Mahl hält, reinigt er ihn und nimmt ihn in die Gemeinschaft der Reinen auf. Wer einen Sünder annimmt, hat ihm schon vergeben.

Die Begegnung mit Jesus verändert Zachäus. Sein bisheriges Leben scheint ihm plötzlich uninteressant, schal, falsch. Er braucht nicht mehr den Großen zu spielen, sondern kann zu seiner Kleinheit stehen. Das Geld und die Macht interessieren ihn nicht mehr. Die Angst um sich selbst ist von ihm abgefallen. Jesus besiegt durch das Vertrauen, das er ihm schenkt, diese Angst und seinen Egoismus und seine innere Not. Zachäus braucht sich nicht mehr zu verachten – weil ein anderer ihn achtet. Er entwickelt nun – kurze Zeit vorher war das noch undenkbar – ein Bedürfnis, seine Sünden wiedergutzumachen und also das betrügerisch erworbene Geld mit Zins und Zinseszins zurückzubezahlen. Durch ein wenig echte Zuwendung ist ein Mensch wunderbar verwandelt. Ein Kranker ist geheilt, und mit ihm widerfährt seinem Haus Heil.

Jesu Begegnung mit Zachäus gehört zum Grundbestand christlicher Pädagogik und Verkündigung. In einer einfachen und dadurch tief anrührenden Weise wird gezeigt, wie Gott sich dem schwachen, ja eigentlich verlorenen Menschen zuwendet und ihn heilt und bekehrt. Traditionelle Moralvorstellungen – seien sie pharisäisch-jüdisch oder verbürgerlicht-christlich – werden durch die unendlich liebevolle Zuneigung Gottes gesprengt. Nicht durch Belehrung oder gar Druck, sondern durch eine Liebestat wird der Böse gut gemacht und der Kleine groß. So handelt Gott, so Jesus. So sollen wir handeln, wenn wir uns Christen nennen.

Fragen und Hinweise

Wir können die Erzählung aus der Perspektive des *Zachäus* betrachten: Bin ich ein kleiner Egoist, der sich gern und mit unlauteren Mitteln größer macht, als er ist? Ahne ich, dass es in meinem Leben *mehr* gibt als die derzeitige Verstrickung in Betrug, Lüge, angemaßte Größe? Verachte ich mich für die Unfähigkeit, mein Leben zu ändern? Welches ist die Krücke, an der ich mich hochziehe, um groß zu scheinen? Muss ich immer den Überblick und »alles im Griff« haben? Welche Mittel nutze ich, um auf Distanz und in Deckung zu bleiben und der persönlichen Herausforderung auszuweichen? Wie reagiere ich, wenn mich plötzlich jemand auffordert: Steig vom Baum herunter, denn heute muss ich bei dir zu Gast sein? Was könnte mir helfen, mich zu erden und mich meiner bescheidenen Wahrheit zu stellen? Riskiere ich eine herausfordernde Begegnung? Wäre ich fähig, schnell und radikal mein Leben zu ändern?

Wir können auch das Handeln *Jesu* betrachten: Würde ich den kleinen Mann auf dem Baum wahrnehmen? Würde ich ihn ernst nehmen? Wittere ich, dass gerade dieser Mann eine wenn auch verborgene, aber um so tiefere Sehnsucht in sich trägt, mir zu begegnen? Hätte ich den Mut, gegen die Konvention der bürgerlichen Moral gerade auf diesen verachteten und verworfenen Menschen zuzugehen, auch wenn die Leute daran Anstoß nehmen? Hätte ich den Mut, ihn durch mein Dasein mit seiner ernüchternden Wahrheit zu konfrontieren? Würde ich ihn dabei vorbehaltlos und bedingungslos akzeptieren, das heißt lieben? Würde mich das Gerede der Leute von meinem Tun abhalten? Oder würde ich zwar an seinem Tisch Platz nehmen, aber mich dann unter den Blicken der Leute doch eher unwohl, verlegen fühlen? Würde er das merken und sich wiederum verletzt fühlen? Oder würde ich ihn dadurch, dass ich ihm *ohne jeden Vorbehalt* begegne, aufrichten und heilen?

Als Christen sind wir aufgefordert, uns den Kleinen, Ausgestoßenen und Zerbrochenen zuzuwenden, jedoch nicht aus eigener Größe heraus, also *von oben herab*, gönnerhaft, patriarchalisch, Brosamen vom Tisch der Reichen spendend, sondern aus dem Wissen heraus, selbst klein und sündig zu sein. Wer dem Kleinen *auf Augenhöhe*, also solidarisch, im guten Sinn demütig und liebevoll begegnet, macht ihn groß und verwandelt ihn in einen neuen Menschen. Aus Überzeugung und von Herzen, nicht als lästige Pflicht sollen wir den Tisch mit ihm teilen. Ich kann mich in dieser Meditation prüfen, ob ich den Mut und die Kraft dazu habe. Ich frage mich, wo ich einen Schritt auf einen kleinen Zöllner meines alltäglichen Umfelds zugehen könnte. Ich bete darum, dass meine Absicht geläutert werde und ich wirklich lieben lerne. Ich bete um Entschlossenheit und Energie, Christ, Christin zu werden.

Weitere Schrifttexte

Markus 10,13–16	»Lasset die Kinder zu mir kommen«
1 Korinther 2,1–9	Paulus verkündet »in Schwäche und in Furcht«

Gemeinschaft der Zwölf

Lukas 6,12–16

[12] In diesen Tagen ging er auf einen Berg, um zu beten. Und er verbrachte die ganze Nacht im Gebet zu Gott. [13] Als es Tag wurde, rief er seine Jünger zu sich und wählte aus ihnen zwölf aus; sie nannte er auch Apostel. [14] (Es waren) Simon, dem er den Namen Petrus gab, und sein Bruder Andreas, dazu Jakobus und Johannes, Philippus und Bartholomäus, [15] Matthäus und Thomas, Jakobus, der Sohn des Alphäus, und Simon, genannt der Zelot, [16] Judas, der Sohn des Jakobus, und Judas Iskariot, der zum Verräter wurde.

Hinführung

Auf dem Berg ist man Gott besonders nahe. Jesus betet die ganze Nacht lang auf einem Berg. Eine große Aufgabe steht für ihn an: die Auswahl seiner engsten Mitarbeiter. Heute würde man dies als wichtige Personalentscheidung bezeichnen. Solche Entscheidungen sind heikel, weil zum Menschen immer auch seine Ambivalenzen gehören. In jeder Person muss man Begabungen und Grenzen, Licht und Schatten genau wahrnehmen und abwägen. Für hohe Aufgaben ist eigentlich jeder Mensch zu schwach. Doch Jesus *muss* entscheiden – im Vertrauen darauf, dass der Geist manches ergänzt, was dem Mängelwesen Mensch von sich her fehlt. Jesus läutert und prüft seine Wahl im Gebet. Im Hören auf die Stimme des Vaters erkennt er, was seinen Anliegen am besten dient und was des Vaters Wille ist – im letzten ist beides dasselbe.

Zwölf »Apostel« wählt Jesus aus. Das Wort meint im Neuen Testament den von Gott bzw. Jesus gerufenen und bevollmächtigten *Gesandten*; hier bei Lukas wird es nur für die Gruppe der »Zwölf« verwendet, später für viele Christen – Männer und Frauen –, die den Glauben an Christus verkünden. Jesus bildet mit den zwölf Männern den inneren Führungszirkel seiner Anhängerschar. Er bevollmächtigt sie in besonderer Weise: Sie sollen predigen und Dämonen austreiben (Mk 3,14). Dass es gerade zwölf Männer sind, hat einen für jeden Juden sofort einsichtigen symbolischen Sinn: Die zwölf Apostel repräsentieren die zwölf Söhne Jakobs und damit die zwölf Stämme des Volkes Israel. Mit der Wahl einer seiner Jüngerinnen wäre im damaligen Verständnis die Symbolik der zwölf Stamm*väter* nicht mehr erkennbar gewesen. Mit dem Zwölferkreis erhebt Jesus den ungeheuren Anspruch, Israel neu zu gründen! Dieser Anspruch muss den Widerstand der Führungsschicht des bestehenden Israel hervorrufen. Als symbolische Handlung ist die Einsetzung der Zwölf in ihrer Bedeutung kaum zu überschätzen.

Wer sind die zwölf Männer? In den Evangelien sind die Namenslisten nicht ganz identisch, doch die Unterschiede sind für unsere Meditation nicht erheblich. Halten wir uns an die Liste des Lukas. Über die Mehrzahl der Männer wissen wir wenig; wir können jedoch versuchen, einige Hinweise über sie zusammenzutragen:

Simon Petrus und Andreas sind Fischer vom See Gennesaret, einfache und bodenständige Männer, vermutlich wenig gebildet. Petrus ist ein Führertyp, ganz emotional bestimmt, oft ängstlich und feige, dann wieder begeistert, forsch, glühend. Und doch nennt Jesus ihn »Fels« und gibt ihm große Aufträge und Vollmachten. Jakobus – genannt »der Ältere« – und Johannes sind Brüder, Söhne des wohlhabenden Fischers Zebedäus. Jesus nennt sie »Donnersöhne«; vermutlich spielt er damit auf ihren ungestümen Charakter (z.B. Lk 9,54) an. Ihre Mutter bittet Jesus darum, dass die beiden im Reich Gottes die vorderen Plätze bekommen (Mt 20,20); nach Markus (10,35) sind es sie selbst, die diese Bitte äußern. Ob sie selbst so ehrgeizig sind oder ihre Mutter allzu ruhmsüchtig auftritt, darf offen bleiben. Johannes ist Jesus besonders nahe; als einziger der Jünger steht er – das nach ihm benannte Evangelium berichtet davon – später mit Maria unter dem Kreuz. Vermutlich ist er der »Jünger, den Jesus liebte« (Joh 21,20). Philippus stammt wie Petrus und Andreas aus Betsaida, einem Dorf am See Gennesaret; im Johannesevangelium ergreift er einige Male das Wort. Bartholomäus ist fast unbekannt; man identifiziert ihn mit Natanaël, der im Johannesevangelium erwähnt wird. Matthäus ist vor seiner Berufung Zöllner in Kafarnaum, gehört also einem Berufsstand an, der moralisch und politisch zweifelhaft und dementsprechend verachtet ist. Er kann lesen und schreiben, spricht auch Griechisch, die Sprache der Gebildeten, und soll später ein Evangelium verfasst haben. Thomas – genannt »Zwilling« – ist das Urbild des Fragers und Zweiflers (Joh 14,5; 20,24–29). Der zweite Jakobus – »der Jüngere«, weil er später berufen wird – ist vermutlich ein »Bruder«, also Verwandter Jesu. Nach Ostern leitet er die Jerusalemer Gemeinde und spielt in den Auseinandersetzungen um die Einhaltung des Gesetzes durch die Heiden eine wichtige Rolle (Apg 15). Er schreibt den »Jakobusbrief«. Simon gehört, bevor er sich Jesus anschließt, einer fanatischen jüdischen Splittergruppe an, den Zeloten (»Eiferern«), die mit gewaltsamen Aufständen Palästina von der römischen Fremdherrschaft befreien wollen. Über den zuerst erwähnten Judas, auch Judas Thaddäus genannt, weiß man wiederum kaum etwas. Judas Iskariot schließlich ist das schwarze Schaf der Gruppe: Er wird von Jesus als Teufel bezeichnet (Joh 6, 70–71). Er stiehlt die Kasse (Joh 12,4–6). Schließlich verrät er gegen 30 Silberlinge seinen Herrn an die Mörder – durch einen falschen Kuss!

Unglaublich bunt ist diese Gruppe, die Jesus sich zusammenstellt: vom einfachen Fischer bis zum gebildeten Hellenisten, vom Zolleintreiber der Römer bis zum Untergrundkämpfer gegen sie, vom glühenden Anhänger an ihn bis zum immer wieder zweifelnden Skeptiker, vom treuen und immer mit ihm gehenden Freund bis zum Verräter, der ihn gegen Geld seinen Mördern ausliefern wird! Warum wohl entlässt Jesus Judas Iskariot nicht aus der Gruppe? Diese erstaunliche Tatsache ist menschlich kaum erklärbar. Will er zu seinem einmal gegebenen Vertrauen stehen, auch wenn es missbraucht wird? Will er beispielhaft zeigen, dass die Gemeinschaft seiner Anhänger auch schwache oder gar untreue Mitglieder mitschleppen muss? Hofft er noch, dass Judas sich ändere? Oder will er ausdrücken, dass er auch diesen falschen Bruder ans Kreuz »mitnimmt« und dort erlöst?

Was verbindet diese zwölf Männer? Menschlich gesehen kann es nicht viel sein. Sie werden Spannungen und Streit auszutragen haben, vielleicht auch Missverständnisse und Blockaden; von der heftigen Konkurrenz um Macht und Ehre war schon die Rede. Was sie zusammenhält, ist die Beziehung zu Jesus! Dieser muss eine so stark integrierende Persönlichkeit sein, dass er eine derart bunte Gruppe nicht nur zusammenführen, sondern auch zusammenschweißen kann. Nach

Ostern werden die Zwölf zu den Säulen, die es schaffen, die schnell wachsende Christengemeinschaft zu gründen und sie überallhin auszubreiten und zu *einen*. Ihre Einheit liegt in Christus, und diese Einheit geht so tief, dass alle Differenzen verblassen und irgendwie gemeistert werden. Die Zwölfergruppe wird so zum Urbild christlicher Gemeinschaft.

Fragen und Hinweise

Vor wichtigen Entscheidungen sollte ich mich zum Gebet zurückziehen. Selbst Jesus hält sich nicht für so klug, dass er darauf verzichten könnte. Intensives Gebet läutert den Geist und klärt offene und komplexe Situationen. In dieser Meditation kann ich meine Gebetspraxis in Entscheidungen anschauen. Derzeit anstehende Entscheidungen werde ich direkt in mein Gebet einbringen. Wenn ich über Menschen entscheiden darf – oder muss –, sollte ich mich im Gebet besonders bemühen, von »unreinen« Gefühlen wie Neid oder Eifersucht, von Vorurteilen, unbegründeten Ängsten, unklugen Anhänglichkeiten, Machtstreben usw. freizukommen. Ich kann Gott um Signale bitten, die mich auf die richtige Entscheidung hinführen.

Ich kann die Gemeinschaft, Familie oder Gruppe, zu der ich gehöre, anschauen: Wie groß ist die Verschiedenheit der Personen? Was verbindet uns eigentlich? Wie gehen wir mit Konflikten um? Können wir eine tiefe Einheit *in Christus* erkennen und pflegen? Was könnte uns helfen, diese Einheit zu fördern? Wie tragen und ertragen wir einander? Was kann das Erbarmen mit den Schwächen der anderen und die gegenseitige Liebe fördern? Ich betrachte die Gruppe als ganze und meinen Platz in ihr. Ich bete darum, dass unsere Gemeinschaft in Christus wachse.

Ich kann betrachten, wie wir in der Gemeinschaft mit Außenseitern umgehen: Werden diejenigen, die ein moralisch nicht einwandfreies Vorleben mitbringen oder sich nicht in allem dem anpassen, was in der Gruppe als korrekt gilt, verachtet und ausgegrenzt – vielleicht ganz heimlich und subtil? Und was ist mit den »schwarzen Schafen«, den Abtrünnigen und Verrätern? Jesus, obwohl selbst tief verletzt, entfernt Judas nicht aus der Gruppe, sondern bemüht sich bis zuletzt, ihn zu integrieren. Er will sein ins Böse verstrickte Herz mit Güte überlisten, nicht mit Racheaktionen bestrafen! Was kann mir helfen, in meinem Sinnen und meinem Tun Außenseiter besser zu akzeptieren? Vielleicht habe ich in der Gemeinschaft einen Intimfeind, auf den ich im Grunde nur eigene innere Spannungen projiziere. Ich bete, dass Gott mein Herz umkehre. Ich bete für diesen heimlichen Feind. Für unsere Gemeinschaft überlege ich, was ihr helfen könnte, mit den am Rande Stehenden christlicher umzugehen. Wie können wir sie gewinnen, so dass sie ins Zentrum der Gruppe zurückkehren? Ich bete darum, dass Gott mich und uns in diesem so entscheidenden Punkt christlichen Lebens wachsen und reifen lässt.

Weitere Schrifttexte

1 Korinther 12,4–30	Die vielen Gnadengaben und der eine Leib Christi
Psalm 133	»Wie schön ist es, wenn Brüder miteinander in Eintracht wohnen.«

4 Mitleiden

Wir gehen den nächsten Schritt auf dem Exerzitienweg, die von Ignatius so genannte »dritte Woche«. Wir bedenken, dass unser Weg – wenn wir uns christlich engagieren – in Schwierigkeiten und in Leiden führen kann. Wir versuchen, solche Situationen anzunehmen. Wir schauen auf leidende Menschen und gehen deren Leidensweg mit. Wir betrachten die Passion Jesu. Zu Beginn meditieren wir sein Abschiedsmahl, bei dem sich sein Leiden schon ankündigt. Am Ende sehen wir Jesu Sterben am Kreuz. Wir denken an Situationen, in denen wir verfolgt und verzweifelt sind. Es geht nicht darum, das Leiden zu verklären, sondern darum, es ehrlich durchzustehen, um von Christus und mit Christus durch das Leiden zur Herrlichkeit Gottes geführt zu werden.

Dienen und sich bedienen lassen

Johannes 13,1–20

1 Es war vor dem Paschafest. Jesus wusste, dass seine Stunde gekom-
men war, um aus dieser Welt zum Vater hinüber zu gehen. Da er die
Seinen, die in der Welt waren, liebte, erwies er ihnen seine Liebe bis zur
Vollendung. 2 Es fand ein Mahl statt, und der Teufel hatte Judas, dem
Sohn des Simon Iskariot, schon ins Herz gegeben, ihn zu verraten und
auszuliefern. 3 Jesus, der wusste, dass ihm der Vater alles in die Hand
gegeben hatte und dass er von Gott gekommen war und zu Gott zu-
rückkehrte, 4 stand vom Mahl auf, legte sein Gewand ab und umgür-
tete sich mit einem Leinentuch. 5 Dann goss er Wasser in eine Schüssel

und begann, den Jüngern die Füße zu waschen und mit dem Leinen-
tuch abzutrocknen, mit dem er umgürtet war. [6] Als er zu Simon Petrus
kam, sagte dieser zu ihm: Du, Herr, willst mir die Füße waschen?
[7] Jesus antwortete ihm: Was ich tue, verstehst du jetzt noch nicht; doch
später wirst du es begreifen. [8] Petrus entgegnete ihm: Niemals sollst
du mir die Füße waschen! Jesus erwiderte ihm: Wenn ich dich nicht
wasche, hast du keinen Anteil an mir. [9] Da sagte Simon Petrus zu ihm:
Herr, dann nicht nur meine Füße, sondern auch die Hände und das
Haupt. [10] Jesus sagte zu ihm: Wer vom Bad kommt, ist ganz rein und
braucht sich nur noch die Füße zu waschen. Auch ihr seid rein, aber
nicht alle. [11] Er wusste nämlich, wer ihn verraten würde; darum sagte
er: Ihr seid nicht alle rein.

[12] Als er ihnen die Füße gewaschen, sein Gewand wieder angelegt
und Platz genommen hatte, sagte er zu ihnen: Begreift ihr, was ich an
euch getan habe? [13] Ihr sagt zu mir Meister und Herr und ihr nennt
mich mit Recht so; denn ich bin es. [14] Wenn nun ich, der Herr und
Meister, euch die Füße gewaschen habe, dann müsst auch ihr einander
die Füße waschen. [15] Ich habe euch ein Beispiel gegeben, damit auch
ihr so handelt, wie ich an euch gehandelt habe. [16] Amen, amen, ich
sage euch: Der Sklave ist nicht größer als sein Herr und der Abgesandte
ist nicht größer als der, der ihn gesandt hat. [17] Selig seid ihr, wenn ihr
das wisst und danach handelt. [18] Ich sage das nicht von euch allen. Ich
weiß wohl, welche ich erwählt habe, aber das Schriftwort muss sich er-
füllen: Einer, der mein Brot aß, hat mich hintergangen. [19] Ich sage es
euch schon jetzt, ehe es geschieht, damit ihr, wenn es geschehen ist,
glaubt: Ich bin es. [20] Amen, amen, ich sage euch: Wer einen aufnimmt,
den ich sende, nimmt mich auf; wer aber mich aufnimmt, nimmt den
auf, der mich gesandt hat.

Hinführung

Jesu letztes Mahl mit seinen Jüngern ist nach dem Johannesevangelium nicht das jüdische Pesach-Mahl, sondern einfach »ein Mahl« (V. 2), das einige Tage vor dem Pesach-Fest stattfindet. Der Todestag Jesu (»Karfreitag«) ist nach Johannes der »Rüsttag« des Pesachfestes, das heißt der Vortag, an dem sich alles für's Fest rüstet. An dessen Abend feiern die Juden das Pesach-Mahl, also zur Zeit der Grablegung Jesu. Der eigentliche Pesach-Festtag ist dann der Samstag, unser christlicher Karsamstag. Man nimmt heute an, dass diese Zeitangaben des Johannesevangeliums die richtigen sind. Die anderen Evangelisten beschreiben das letzte Mahl Jesu *als* Pesach-Mahl, das also am Freitagabend, damit am Vorabend und Beginn des Pesachfestes stattgefunden haben soll. Dass in der darauffolgenden Nacht, am höchsten Fest des Jahres, ein Prozess gegen einen Verbrecher geführt und am Festtag selbst dieser hingerichtet wird, ist für damals kaum denkbar; daher sind diese Zeitangaben wahrscheinlich nicht richtig.

Markus, Matthäus und Lukas beschreiben das letzte Mahl als ein Gedächtnismahl, an dem Jesus die später so genannte Eucharistie- oder Abendmahlsfeier stiftet. Johannes hingegen erzählt nur von einem Ritus des Füßewaschens. Die beiden Darstellungen müssen sich nicht ausschließen: Jesus kann bei diesem letzten, für alle sicherlich bewegenden Zusammentreffen des Jüngerkreises in der Fußwaschung ein eindrucksvolles Symbol für seine Auffassung von Dienst gesetzt und gleichzeitig den Ritus des Brotbrechens und Weintrinkens als Gedächtnis an sein Leiden und seine Auferstehung eingeführt haben. Doch brauchen uns diese historischen Fragen hier nicht weiter zu beschäftigen.

Wir betrachten die johanneische Erzählung der Fußwaschung: Den Gästen die Sandalen abzunehmen und ihre staubigen Füße zu waschen, ist zur Zeit Jesu Sklavendienst. Dass ein Rabbi und »Herr« seinen Schülern – »Jüngern« – die Füße wäscht, stellt eine provozierende Umkehrung der gesellschaftlichen Verhältnisse dar. Jesus erklärt sein Handeln so: Vor Gott sind alle Menschen, ob Sklave oder Herr, gleich groß (V. 16); soziale, wirtschaftliche oder standesbedingte Unterschiede gibt es nicht. Vor Gott werden Macht- und Ohnmachtverhältnisse und Herr-

Knecht-Beziehungen aufgehoben beziehungsweise umgedreht. Die Geschichte der Fußwaschung will gesellschaftliche Verhältnisse aller Epochen und Völker hinterfragen. Auch die Kirche war und ist von Standes- und Machtdenken geprägt. Das Vorbild des *dienenden Herrn* wurde in der Christenheit zwar oft verkündet, aber selten nachgeahmt.

Dass Petrus die Fußwaschung empört ablehnt, ist verständlich. Von einem Höhergestellten lässt man sich nicht gern einen solchen Dienst erweisen. Jesu Antwort überrascht: Wer sich von ihm nicht die Füße waschen lässt, hat »keinen Anteil« an ihm. Das bedeutet, dass man nur über diesen Dienst in eine innige Gemeinschaft mit ihm kommen kann, nur so seine Lebensform und seine Lebensideale übernimmt, nur so wirklich »Christ« wird! Petrus versteht Jesu Wort sofort. Gleich will er sich auch die Hände und das Haupt waschen lassen – eine für ihn typische Reaktion: Immer wieder schlägt er von einem Extrem ins andere um, ist ein wenig zu begeistert, schießt über das Ziel hinaus. Jesus kennt ihn. Er bremst ihn, indem er darauf hinweist, dass er sich ja körperlich schon gereinigt habe. Sich von Jesus die Füße waschen zu lassen, hat symbolischen, spirituellen Wert, und als symbolische Handlung soll Petrus diese Geste zulassen.

Jesu rituelle Fußwaschung hat zwei Sinnspitzen: Erstens geht es darum, dass auch hochgestellte Personen *dienen*, das heißt einfache und schmutzige Arbeiten für bedürftige Menschen verrichten. Das ganze christliche Dienstideal ist in dieser knappen Geschichte dargestellt. Christliche Berufung ist Dienst am Bedürftigen. Jeder Christ – in jedem Beruf, jeder sozialen Lage, jedem Stand – soll dieses Ideal des Dienens zum Maßstab seines Tuns machen. Selbstlos sollen wir für andere dasein, das heißt nicht die eigenen Interessen und Bedürfnisse in den Vordergrund stellen, sondern den notleidenden und hilfsbedürftigen Menschen. Sich einfach für die Menschen zu verströmen, seine Zeit und Energie für sie einzusetzen, im Dienst sich die Hände schmutzig zu machen und manchen Verzicht auf sich zu nehmen, alles das widerspricht »normalen« Verhaltensweisen. Christen leben hier *anders*, im Kontrast zur säkularen Gesellschaft.

Der zweite Sinn ist, dass wir uns *bedienen lassen*. Dies fällt vielen Christen noch schwerer! Es gehört christliche Bescheidenheit und Demut dazu anzuerkennen, dass wir der Hilfe anderer und der Erlösung Christi bedürfen! Unsere normale menschliche Kultur ist allzu sehr darauf gerichtet, dass wir alles selbst machen müssen, alles bestimmen und im Griff behalten wollen, ja dass wir meinen, durch eigene Leistung das Heil verdienen zu können. Schon im zwischenmenschlichen Umgang erfahren wir: Wer sich bedienen lässt, gibt Freiheit und Macht auf, vielleicht auch seinen Stolz. Doch nur durch die – im guten Sinn verstandene – Demütigung des Sich-Bedienen-Lassens erhält er »Anteil« am anderen, das heißt, er tritt in die menschliche Gemeinschaft ein, welche erfüllt, heilt und befreit. Diese Erfahrung kann man auf die Beziehung zu Christus übertragen: Nur wer sich von Jesus »die Füße waschen« lässt, erkennt an, dass er der Erlösung bedarf und von Sünden gereinigt werden muss. Die Fußwaschung hat einen wichtigen Zusammenhang mit dem Kreuzestod Jesu: Christus hat sich am Kreuz zum Sklaven gemacht, der die Bosheit der Menschen durchleidet und sie so vom Schmutz der Sünde reinwäscht. Wir müssen – auch wenn es uns schwerfällt – diesen Dienst Jesu an uns zulassen, um an seinem reinigenden Heilswerk Anteil zu erhalten.

Fragen und Hinweise

Ich kann zunächst prüfen, was mir schwerer fällt: zu dienen oder mich bedienen zu lassen.

Starke, strebsame, selbstbewusste und zum Stolz neigende Menschen können nicht leicht *dienen*: Sie sind zu eitel für schmutzige Dienste, fühlen sich zu wertvoll dafür. Sie meinen, ihre kostbare Zeit nicht für einfache Dienste verschwenden zu dürfen; dafür seien minderbegabte Leute da, während sie sich – im Auftrag Gottes – um Höheres kümmern müssten. Gerne lassen sie sich im Einfachen bedienen. Für das Große, das sie selbst leisten, möchten sie bewundert und gelobt werden.

Hingegen können sich ängstliche, unterwürfige, minderwertig fühlende Menschen nicht leicht *bedienen lassen*: Sie dienen lieber selbst anderen, um dadurch etwas wert zu sein. Vielleicht wollen sie durch ihren Dienst andere an sich binden und so subtil Macht ausüben. Vielleicht haben sie ein überzogenes christliches Dienstideal verinnerlicht, nach dem man sich für andere verzehren und aufopfern muss, als sei es der Wille Gottes, sich für andere kaputt zu arbeiten. Vielleicht möchten auch sie – indirekt und unbewusst – für ihre so große christliche Dienstwilligkeit und Demut bewundert werden. Lob weisen sie devot oder entrüstet zurück, auch wenn sie im Herzen danach hungern.

Kann und will ich *dienen*? Kann ich – wie Jesus – anderen einfache Hilfe anbieten, die mir selbst gar nichts bringt, sondern mich nur Zeit und Kraft kostet? Kann ich für andere da sein, ohne auf mich selbst zu schauen, ohne auf Dank und Bewunderung zu spekulieren? Bin ich mir für manche Aufgaben zu gut? Bin ich bereit, mir die Hände schmutzig zu machen und dafür auch noch ausgelacht zu werden? Kann ich meinen sozialen Stand relativieren und anerkennen, dass vor Gott alle Menschen gleich groß und gleich wertvoll sind? Schaue ich auf andere Menschen, die ich für niedriger als mich selbst halte, von oben herab? Kann ich in meinem Beruf, in meinem Dasein und Tun *selbstlos* dienen – wohl wissend, dass ich immer viel zurückbekommen werde? Vielleicht sollte ich mir – vor allem dann, wenn ich eine angesehene Position habe – eine Gelegenheit suchen, wenigstens einem Bedürftigen regelmäßig einen kleinen Dienst zu erweisen und ihm dadurch menschlich nahe zu kommen.

Kann und will ich mich *bedienen lassen*? Kann ich – Petrus muss es erst lernen – zulassen, dass andere mir Hilfe leisten, oder weise ich ihr Angebot hochmütig zurück? Kann ich, auch wenn ich zu den »Starken« gehöre, anerkennen, dass ich in manchen Dingen der Hilfe bedürftig bin, dass ich in vielem armselig und schwach, vielleicht unrein und schmutzig bin? Finde ich es unter meiner Würde, mir von höher gestellten Personen einen Dienst erweisen zu lassen? Will ich durch mein eigenes Dienen mir etwas beweisen oder andere beherrschen? Will ich – aus welchen Motiven auch immer – im Dienen selbst leiden? Kann ich Gott gegenüber zugeben, dass ich unrein bin, das heißt der Heilung, Erlösung und Rettung bedürftig? Oder meine ich immer noch und immer wieder, mich selbst durch mein – religiöses oder anderes – Tun erlösen zu müssen? Auch wenn es mir schwer fällt: Kann ich annehmen, dass Jesus für mich am Kreuz leiden und sterben muss, um mich so von Schmutz reinzuwaschen?

Ich bete um die Gnade, sowohl im Herzen als auch im Tun den Geist christlichen Dienstes zu begreifen. Ich möchte verstehen, dass nur *gegenseitiges Geben und Nehmen* wahre christliche Gemeinschaft stiftet. Ich möchte mich von jeder subtilen Macht- und Ehrsucht befreien und die Gleichheit aller vor Gott leben lernen. Der Wesenskern des Christentums ist die dienende Barmherzigkeit: Ich bitte darum, Gottes Barmherzigkeit mit mir – meiner Armut und Sünde – annehmen zu können. Und ich bitte darum, selbst diese Barmherzigkeit an andere – Arme und Sünder – weiterschenken zu können. Ich bitte darum, mich wie Petrus bedienen lassen zu können, und darum, wie Jesus dienen zu können.

Weitere Schrifttexte

Markus 10,42–45	Vom Dienen
2 Korinther 6,4–10	Paulus, Diener Gottes

Das Gedächtnismahl

Markus 14,22–25

22 Während des Mahls nahm er das Brot und sprach den Lobpreis;
dann brach er das Brot, reichte es ihnen und sagte: Nehmt, das ist
mein Leib. 23 Dann nahm er den Kelch, sprach das Dankgebet, reichte
ihn den Jüngern und sie tranken alle daraus. 24 Und er sagte zu ihnen:
Das ist mein Blut, das Blut des Bundes, das für viele vergossen wird.
25 Amen, ich sage euch: Ich werde nicht mehr von der Frucht des Weinstocks trinken bis zu dem Tag, an dem ich von neuem davon trinke im Reich Gottes.

Wie Matthäus und Lukas schildert Markus das letzte Mahl Jesu als jüdisches Pesachmahl. Geschichtlich ist das wohl nicht richtig – dies braucht hier nicht geklärt zu werden. Zum Pesachfest sind Jesus und seine Jünger nach Jerusalem gekommen. Es ist ihnen allen bewusst, dass das Ende naht. Die Gegner Jesu haben sich formiert; sie werden ihn umbringen lassen, grausam und blutig. Eine eigenartige Stimmung liegt über diesem letzten Mahl. Die Gruppe wird nervös sein, verschreckt, und von ungeheurer Angst erfüllt. Im Inneren nimmt Jesus Abschied. Ahnt er wohl, was sich in den folgenden Tagen ereignen wird?

Jesus nutzt die Gelegenheit, einen Gedenkakt zu vollziehen: Er setzt Brot und Wein, als seinen Leib und sein Blut, zu Zeichen der Erinnerung an ihn ein. Im späteren »Herrenmahl«, der Urform der Eucharistie, greift die junge Christengemeinde diesen Akt auf, ritualisiert ihn, wiederholt ihn regelmäßig und gedenkt so des Todes und der Auferstehung ihres »Herrn«. Im Vollzug des Ritus – durch Essen seines Leibes und Trinken seines Blutes – wird Christus gegenwärtig, und die Gemeinde erhält Anteil an der heilenden Wirkung seiner Hingabe. Das Geschehen im Abendmahl enthält eine große Fülle theologischer Aussagen. Für unsere Meditation genügen einige Bemerkungen.

Das Mahl stiftet *Gemeinschaft*: Noch einmal bekräftigt das letzte Mahl die innige Verbindung, die die Jünger mit Jesus und miteinander haben. Später wird man sich an dieses Mahl erinnern, über die Generationen und Zeiten hinweg. Und das rituell wiederholte Mahl wird an die Zeit mit Jesus erinnern und die Verbundenheit mit ihm nähren. In allen Kulturen haben Mahlzeiten zugleich erinnernde und verbindende Wirkung.

Das Mahl bezeichnet die *Hingabe* Jesu: Am Kreuz gibt Jesus sein Leben für die Seinen hin. Das geteilte Brot bezeichnet seinen zerbrochenen Leib, der im Kelch gereichte Wein sein vergossenes Blut. In seiner Hingabe ist Jesus ganz ohnmächtig. Seine Ohnmacht besiegt die gewalttätige, oft missbrauchte Macht der Welt. Wer an diesem Mahl teilnimmt, wird hinein genommen in Jesu ohnmächtige Hingabe. Mit ihm lässt er sich verzehren, für die Menschen. Er wird zu Brot, das gebrochen wird.

Das Mahl bezeichnet, dass Jesu Tod *Heil* wirkt: Die Evangelisten verstehen das letzte Mahl Jesu als erneuertes jüdisches Pesachmahl. Jesus versteht es, wie seine Worte zeigen, ebenso, selbst wenn es geschichtlich gar kein rituelles Pesachmahl war. An Pesach gedenken die Juden des Auszugs aus Ägypten (Ex 12): Israel wurde von Gott aus der Sklaverei und Sünde Ägyptens herausgeführt. Das Blut von Lämmern zu vergießen – ein archaischer Ritus, der beim Auszug vollzogen wurde –, symbolisiert die Entsühnung des Volkes und den Bund mit Gott. Jedes Jahr gedenken die jüdischen Familien im rituellen Pesachmahl dieses Ereignisses; außerdem werden zur Zeit Jesu am Pesachfest im Jerusalemer Tempel Lämmer rituell verbrannt. Jesus weiß, dass sein Leiden und Sterben für die Menschen Heil wirkt. In den Worten, die er über den Kelch spricht, sagt er, dass von nun an sein Blut, dargestellt im Wein, als neues Bundesblut das neue Heil symbolisiert. Jesus ist das neue, am Kreuz geschlachtete Pesachlamm. Das eucharistische Mahl erinnert seither an das Heil und vergegenwärtigt es.

Das Mahl erinnert an *Tod und Auferstehung Christi*: Das dramatische Geschehen der drei folgenden Tage wird im Abendmahl zeichenhaft vorweggenommen und bis heute in der Eucharistie vergegenwärtigt. Um Brot zu bekommen, muss man das Weizenkorn in die Erde fallen und sterben lassen (Joh 12,24). Die Körner werden zermahlen, das Brot wird im Ofen gebacken und dann gebrochen. Um Wein zu bekommen, muss man die Traube auspressen und ihren Saft vergären lassen. Diese Vorgänge bedeuten ein *Sterben*, das notwendig ist, um *leben*spendende Nahrung herzustellen. Brot und Wein nähren den Menschen: Sie erhalten Leben und schaffen neues Leben. Zur Zeit Jesu ist die Ernährungslage des Volkes oft prekär. Brot und Wein überhaupt in ausreichender Menge zu haben, wird als Segen Gottes empfunden. Brot zu essen und Wein zu trinken, ist blühendes Leben.

Das Mahl ist *Abglanz des himmlischen Hochzeitsmahles*: Alle Menschen tragen eine Sehnsucht nach dem Ewigen in sich. Nach dem Tod erhoffen sich die Christen die reine Fülle bei Gott, das unendliche Gut und Glück. Diese Sehnsucht findet ihren sinnenhaften Ausdruck im Bild des unerschöpflichen himmlischen Hochzeitsmahles. Jesus weist selbst auf das Mahl im Reich Gottes hin, denn erst dort wird er wieder Wein trinken.

Das Abendmahl wird so zum Hinweis auf jenes neue Mahl. Es verheißt den Jüngern den Himmel. Die Eucharistie ist ein – wenngleich schwacher – Abglanz jenes ersehnten himmlischen Mahles. Im Symbol von Brot und Wein erahnen wir den Himmel. Um ihn im Symbol zu erkennen, müssen wir *glauben*. Wer glaubt, hat im Sakrament schon jetzt eine Zusage des Himmels: sinnenhaft, leiblich, wirksam.

Fragen und Hinweise

Die Erzählung vom letzten Mahl Jesu bietet viele Aspekte, die man in der Meditation betrachten und für sich fruchtbar machen kann. Jeder Suchende wird eigene Zugänge entdecken.

Ich kann die *Szene* des Abendmahls Jesu betrachten: Ich lasse die Stimmung jenes Abends auf mich wirken. Ich erlebe die innige und doch so gefährdete Gemeinschaft der Jünger mit Jesus nach. Wie würde ich mich an diesem Tisch fühlen? Könnte ich mit Jesus seinen letzten Gang gehen? Würde ich vor Angst vergehen und davonlaufen? Und wie ergeht es mir in meinem Leben mit Abschieden? Wie mit bedrohlichen Umständen? Bleibe ich meiner Gemeinschaft oder Familie in brenzligen Situationen treu? Ich stelle mir vor, an jenem Abendmahl teilzunehmen, und bete mit dem, was mich bewegt.

Ich kann das *Brot* des Abendmahls betrachten und dazu ein Stück Brot vor mich hinlegen: Ich erwäge, wie dieses Brot aus vielen Körnern bereitet und dann gebrochen wurde. Ich stelle mir den am Kreuz geschundenen Leib Jesu vor. Aus Sterben entsteht neues Leben. Sehe ich mich selbst wie Brot, das gebrochen wird? Ich schaue meine Beziehung zur Eucharistie an: Kann ich in der Hostie Christus sehen, der gegenwärtig ist, für mich und für alle Menschen? Im Essen des Brotes werde ich in sein Sterben und Auferstehen hinein genommen. Ich bete darum, enger zu Christus zu gehören, und darum, wie das Brot der Eucharistie in sein Bild verwandelt zu werden.

Ich kann den *Wein* des Abendmahls betrachten: Ich erwäge, wie er aus vielen Trauben gekeltert wurde. Im roten Wein sehe ich das Blut Christi, Zeichen seiner Hingabe. Aus dieser Hingabe seines Lebens erwächst Heil für die Welt. Die alte Sühne- und Opfertheologie, falls ich sie noch kennengelernt habe, darf ich beiseite lassen. Aber ich kann das am Kreuz vergossene Blut so deuten, dass Jesus seine Lebensenergie für die Menschen verschwendet und dadurch alle reinigt, befreit und heiligt. Kann ich in der Ohnmacht und im Leiden des Gekreuzigten die heilende Macht Gottes wahrnehmen? Kann ich meine Leiden in seinen Leiden aufgehoben wissen? Mit einem alten Gebet kann ich darum beten, in Jesu Wunden geborgen zu sein. Ich bitte, mich selbst für andere immer mehr hingeben zu können.

Ich kann das *himmlische Hochzeitsmahl* betrachten: Meiner im Alltag vielleicht verschütteten, aber in einem versteckten Winkel der Seele doch glimmenden Sehnsucht nach dem Himmel gebe ich Raum. Ich stelle mir ein großes Hochzeitsmahl vor und betrachte es als Bild der himmlischen Fülle Gottes. Kann die Sehnsucht nach Vollendung in mir zum Motor dafür werden, dass ich Gott neu suche und mich für sein Reich engagiere? Brot und Wein – heute so selbstverständlich und jederzeit verfügbar – betrachte ich als unselbstverständliche, besondere Gaben Gottes: Kann ich sie als Symbole der Fülle genießen und Gott von Herzen dafür danken? Ich kann die Eucharistie als – immer nur matten – Abglanz jenes Mahles betrachten: Sehe ich hinter der oft so trockenen und bisweilen kitschig, manchmal ärgerlich gestalteten Mess- oder Abendmahlsfeier doch schon den Himmel aufstrahlen? Ich versuche, die Augen meines Glaubens in dieses symbolische Sehen einzuüben. Ich bete darum, für Gott und die Fülle des Lebens offen zu werden. Ich bitte, einst am himmlischen Hochzeitsmahl teilnehmen zu dürfen.

Weitere Schriftstellen

Exodus 12,1–28	Pesach
1 Korinther 11,23–25	Das Herrenmahl

Todesangst

Markus 14,32–42

32 Sie kamen zu einem Grundstück, das Getsemani heißt, und er sagte
zu seinen Jüngern: Setzt euch und wartet hier, während ich bete.
33 Und er nahm Petrus, Jakobus und Johannes mit sich. Da ergriff ihn
Furcht und Angst, 34 und er sagte zu ihnen: Meine Seele ist zu Tode be-
trübt. Bleibt hier und wacht! 35 Und er ging ein Stück weiter, warf sich
auf die Erde nieder und betete, dass die Stunde, wenn möglich, an ihm
vorübergehe. 36 Er sprach: Abba, Vater, alles ist dir möglich. Nimm die-
sen Kelch von mir! Aber nicht, was ich will, sondern was du willst (soll
geschehen). 37 Und er ging zurück und fand sie schlafend. Da sagte er
zu Petrus: Simon, du schläfst? Konntest du nicht einmal eine Stunde
wach bleiben? 38 Wacht und betet, damit ihr nicht in Versuchung gera-
tet. Der Geist ist willig, aber das Fleisch ist schwach. 39 Und er ging
wieder weg und betete mit den gleichen Worten. 40 Als er zurückkam,
fand er sie wieder schlafend, denn die Augen waren ihnen zugefallen;
und sie wussten nicht, was sie ihm antworten sollten. 41 Und er kam
zum dritten Mal und sagte zu ihnen: Schlaft ihr immer noch und ruht
euch aus? Es ist genug. Die Stunde ist gekommen; jetzt wird der Men-
schensohn den Sündern ausgeliefert. 42 Steht auf, wir wollen gehen!
Seht, der Verräter, der mich ausliefert, ist da.

Hinführung

Nach dem Abendmahl geht Jesus mit den Jüngern zum Garten Getsemani, der am Ölberg lieg. Der Ort ist abgelegen und ruhig. Früher trafen sich die Jünger mit Jesus dort öfter, um miteinander zu reden und zu beten. An diesem Abend weiß Jesus, was ihn erwartet. Auch die Jünger ahnen es, oder sie verdrängen das Schreckliche und ihre Angst davor. Es ist Nacht. Jesus ist unruhig, angespannt, voll schrecklicher Angst. Er nimmt die ihm besonders nahen Jünger beiseite, um in dieser schweren Stunde nur mit ihnen zusammen zu sein. Dann entfernt er sich auch von diesen und sucht allein das Gespräch mit dem Vater.

Jesus steht vor dem Abgrund. Er weiß, dass er vernichtet wird, auf die grausamste Weise, die Menschen sich ersinnen können. Er reagiert mit großer, ehrlicher, tief sitzender Angst. In der Geschichte gibt es manche Religionsstifter und Philosophen, die ums Leben gebracht wurden; von keinem wird solche Todesangst berichtet. Jesu Angst ist *menschlich*. Der Sohn Gottes schwebt nicht unberührbar über Existenz und Erde, Leben und Tod, sondern ist menschlich wie wir. Dies macht die Größe des christlichen Glaubens aus: Gott wurde wahrhaft *Mensch*. Mit allen Fasern seines Daseins hat er mit uns gelebt und gelitten. Die Solidarität Gottes mit uns Menschen geht bis in den Abgrund unserer Todesangst.

Jesus läuft nicht davon. Er könnte sich leicht seinem Schicksal entziehen, indem er flieht oder seine Überzeugungen widerruft. Oder er könnte Drogen nehmen und die Angst und den Schmerz irgendwie betäuben. Jesus hält den Schmerz aus. Er sucht sogar die Einsamkeit des Ölbergs, um sich der Angst zu stellen und sie mit sich und im Gebet auszuhalten und zu durchleiden. Nach dem Lukasevangelium schwitzt er dabei Blut, Symbol der Erschütterung und letzten Hingabe.

Die Jünger sind erschöpft und schlafen. Sie verhalten sich so, wie alle Menschen versucht sind zu reagieren: Die Angst wird beschwichtigt und weggedrängt. Der Schlaf ist ein Mechanismus, unangenehmen Dingen erst einmal auszuweichen. Später fliehen die Jünger. Keiner wagt es, seinem Meister zu folgen. Jesus ist nun ganz allein: Zur Angst kommt die Einsamkeit. Vielleicht ist diese letzte Verlassenheit für Jesus noch schlimmer als die Angst vor der körperlichen Vernichtung.

Jesus betet zum Vater. Er *will* das Leiden nicht. Deshalb bittet er den Vater, den »Kelch« an ihm vorübergehen zu lassen. Das ist die Urbitte des leidenden Menschen. Sich mit ganzer Kraft gegen das Leiden und das Kreuz zu wehren, ist natürlich und legitim. Wir sollten froh und dankbar sein, wenn wir ungeschoren am Kreuz vorbeikommen. Jeder Mensch darf und soll wie Jesus beten. Es wäre eine verfehlte Kreuzesspiritualität, wenn wir meinen, wir müssten für Gott leiden oder uns opfern *wollen*. Und dennoch: Jesus nimmt das ihm zugemutete Leiden an: »Nicht was ich will, sondern was du willst …« Er *akzeptiert* Kreuz und Leid – falls es denn der Vater so will. Das ist nicht wenig, sondern sehr viel!

Und der Vater? Er will den Kreuzestod seines Sohnes nicht, weil er ein grausamer oder beleidigter Despot wäre, der aus Rachsucht oder Sadismus oder als Sühneleistung die furchtbaren Qualen seines Sohnes fordert. Im Grund will er das Kreuz überhaupt nicht! Gegen sein eigenes Herz muss jedoch auch er akzeptieren, dass dieses Kreuz kommt. Ja, er leidet *mit* seinem Sohn – so wie eben ein Vater leidet, wenn er seinen Sohn Furchtbares erleiden sieht! Im Anfang erschuf der Vater die Menschen frei. Weil sie aber die Freiheit zum Bösen missbrauchten, schlägt nun dieses Böse über dem Sohn zusammen. Der Vater könnte mit Macht dreinschlagen und das Kreuz verhindern. Aber er nimmt die Freiheit des Menschen ernst, und er respektiert so die Macht, die er den Menschen gab. Der Vater lässt Jesus ohnmächtig. Jesus akzeptiert die Ohnmacht. Er wird das Böse durch diese Ohnmacht besiegen. Das Kreuz *kommt* …

Die Jünger sind willig, mit Jesus in Getsemani zu beten. Aber sie sind zu müde, zu erschöpft von den körperlichen und seelischen Belastungen jener Tage. Das »schwache Fleisch« siegt über den Geist – Erfahrung jedes Menschen, der sich um ein geistliches Leben bemüht. Nun nahen die Verfolger, um Jesus festzunehmen. Der Kampf um das Beten ist zu Ende. Die »Stunde«, von der Jesus oft gesprochen hat, ist gekommen: In ihr ballen sich Angst, Verrat, Unrecht und Tod zusammen. Alle Gewalt der Welt fällt über das unschuldige Lamm her und ermordet es. Die Jünger fliehen. Jesus geht seinen Weg in das Leiden und in den Tod, für das Heil der Menschen.

Fragen und Hinweise

Kann ich Angst aushalten? Oder laufe ich davon und fliehe in Ablenkungen, in Drogen, in Aktivismus? Und wenn ich Angst empfinde: Wo suche ich meine Zuflucht? Rede ich mir immer noch ein, irgendwie selbst das Problem meistern zu können? Wende ich mich an den Vater und bitte ihn, mich zu trösten und – so er will – den Kelch an mir vorübergehen zu lassen? Kann ich wahrhaftig beten, mit der letzten Faser meiner Existenz? Bemühe ich mich wenigstens um ein radikal ehrliches Beten? Fliehe ich in der Krise allzu schnell in den Schlaf? Kämpfe ich immer wieder, wenn das mein Auftrag ist, gegen das schwache Fleisch, auch dann, wenn dieser Kampf aussichtslos zu sein scheint? Ich bete um die Gnade des Gebets.

Stehe ich zu meinem Glauben und zu meinem Auftrag, auch wenn Widerstand zu erwarten ist? Akzeptiere ich Leiden und Verzichte, wenn sie um der Menschen willen notwendig sind? Will ich diese Treue und Konsequenz in meinem Engagement erreichen, oder ziehe ich mich zurück, sobald es brenzlig wird? Bin ich mit Freunden solidarisch, auch wenn es mich etwas kostet – und bis zuletzt? Ich bete um die Gnade der Treue.

In dieser Meditation kann ich Scham und Verwirrung darüber empfinden, dass ich feige und ichsüchtig bin und dass Jesus für mich ans Kreuz gehen muss. Ich bitte darum, diese Scham zu empfinden und mit Jesus leiden zu können. Und ich bitte um Kraft in der Nachfolge, so dass ich durch Krisen, Widerstände und Anfeindungen hindurch beständig an meinem Glauben und dem christlichen Weg festhalte. Ich versetze mich geistig in den Garten Getsemani und bete in meinen Ängsten, meiner Verzweiflung und meiner Einsamkeit zu einem Vater, von dem ich weiß, dass er mitfühlt und mitleidet.

Weitere Schriftstellen

Psalm 31	Gebet in der Angst
Matthäus 16,21–23	Petrus und der Wille Gottes

Verspottung
Markus 15,16–20a

16 Die Soldaten führten ihn in den Palast hinein, das heißt in das Prätorium, und riefen die ganze Kohorte zusammen. 17 Dann legten sie ihm einen Purpurmantel um und flochten einen Dornenkranz; den setzten sie ihm auf 18 und grüßten ihn: Heil dir, König der Juden! 19 Sie schlugen ihm mit einem Stock auf den Kopf und spuckten ihn an, knieten vor ihm nieder und huldigten ihm. 20 Nachdem sie so ihren Spott mit ihm getrieben hatten, nahmen sie ihm den Purpurmantel ab und zogen ihm seine eigenen Kleider wieder an.

Hinführung

Die Passion Jesu nimmt ihren Lauf. Hass und Gewalt schlagen über ihm zusammen. Er kann sich nur passiv ergeben, ist Opfer. Ein grausamer Mechanismus von Lüge, Unrecht und Sadismus rollt über ihn hinweg – unpersönlich, unaufhaltsam und unbarmherzig. Die Unrechtssysteme aller Zeiten finden in Jesu Passion ihr Urbild und ihren Spiegel. Aus der Passionsgeschichte ist hier eine Szene ausgewählt: Jesus wird durch die römischen Soldaten verspottet. An anderer Stelle (Lk 22,63–65) wird erzählt, wie auch Jesu eigene Volksgenossen ihn als gescheiterten Propheten verhöhnen.

Jesu *Anspruch*, Gottes Prophet, ja sein König und Messias zu sein, ist widerlegt. Jesus wollte groß sein und erweist sich als jämmerlich klein. Die Dornenkrone und der Purpurmantel sind grausame Symbole der Ambition, König zu sein. Mit dem Königstitel war ein Macht- und Hoheitsanspruch gestellt – nun zeigt sich dieser »König« als ohnmächtig, gescheitert, erniedrigt. Er ist lächerlich geworden, so dass die Welt ihn nur noch verhöhnen wird. Unfreiwillig muss er Theater spielen, eine Spott-Komödie, die nur der sadistischen Lust der Gewalttäter dient. Die Soldaten Roms sind zum Dienst gezwungen, und im Alltag müssen sie brutale Disziplin aushalten und ihrem Gott-Kaiser huldigen. Also genießen sie es, das orientalische Königsritual zu verhöhnen und ihrer Aggression freien Lauf zu lassen. Wie die meisten sadistischen Handlungen wird ihr Spott Rache für selbst erlittenes Unrecht enthalten.

Jesus ist nicht mehr Herr des Geschehens, sondern nur noch dessen Objekt, nur noch Opfer fremder und feindlicher Macht. Er erleidet seine Niederlage, absolut, endgültig. Was wird er empfinden? Jedes Wort und jede Geste der Soldateska muss für ihn ein Schlag in die Magengrube sein. Selten wird ein Mensch tiefer gedemütigt und verletzt. Etwas in ihm wird zerstört. Seine personale Identität, sein ganzes Dasein wird gebrochen und brutal zerrissen. Und wo ist der Vater in diesem quälend langen Geschehen? Für Jesu Empfinden wird Gott in diesen Stunden weit weg sein. Hat er ihn gänzlich verlassen? Jesus muss sich restlos einsam fühlen, zerschlagen, wie tot. Genaues wissen wir nicht, denn die Berichte beschränken sich auf äußere Ereignisse. Wir können versuchen, Jesu Gefühle nachzuempfinden, in aller Freiheit und Demut.

Jesus schweigt. Ist es ein verzweifeltes und angstvolles Verstummen? Oder drückt sich in seinem Schweigen doch ein beeindruckender Rest an innerer Hoheit aus? Ist seine Seele offen wie ein Scheunentor, so dass die Grausamkeiten der Soldaten wie eine breite Flut in sie eindringen und sie zerfressen? Oder kann er sich doch noch irgendwie abschotten und die Souveränität des Geistes wahren? Was ihm als Spott zugemutet wird, würde ihm ja in Wahrheit zustehen: Er *ist* König! Bleibt ihm dies in jener Stunde bewusst? Wir kennen den Zustand seiner Seele nicht. Vermutlich ist das gut so. Wir können nur mitleidend mitgehen und unsere Existenz in seinem Schicksal wie in einem Spiegel wiederfinden.

Fragen und Hinweise

Wo werden Menschen in meinem Umfeld verachtet, diskriminiert, verspottet? Wie reagiere ich darauf? Bleibe ich abwartend, passiv, feige? Lasse ich mich gar mitziehen? Entdecke ich in mir eine Neigung, die Schwäche anderer zu meinem Vergnügen auszunützen? Wenn sich eine Gruppe von Starken über einen Schwachen lustig macht, ihn »vorführt«, sich an ihm grausam-genießerisch vergnügt: Mache ich mit? Empfinde ich Ansätze von Lust, wenn Menschen leiden? Räche ich mich für selbst erlittenes Unrecht, indem ich anderen Böses zufüge?

Ich kann mich auch im Schicksal Jesu wiederfinden. Bis vor wenigen Jahrzehnten war man in Europa als engagierter Christ, als überzeugte Christin geachtet und geschätzt: Wer in der Kirche Verantwortung übernahm oder gar sein Leben – wie man sagte – Gott im geistlichen Stand weihte, war in der Familie angesehen und in der Öffentlichkeit geehrt. Heute erntet man dafür eher Unverständnis, ja Ablehnung und Spott. Christ zu sein und gar zur Kirche zu stehen, ist in den Augen der Menschen keine Ehre, sondern – meistens – eine Schmach. Gott zu suchen und sich zu ihm zu bekennen, erfordert Mut und kostet Ansehen. Ich kann mich prüfen, ob ich für meinen Glauben einen Verlust an Ansehen und Ehre in Kauf zu nehmen bereit bin. In unserer modernen, städtisch geprägten Kultur und Arbeitswelt drängt man die Religion in die Privatsphäre ab. Dort bleibt das religiöse Empfinden verborgen: ein geheimes Paradiesgärtlein, das wir mit hohen Mauern vor neugierigen Blicken abschirmen und auf keinen Fall zerstören lassen wollen. Ich kann mich fragen, wie wichtig mir die *Wahrheit* des Glaubens ist. Prägt sie mein Handeln und Reden? Lasse ich sie öffentlich werden? Ist mir meine eigene Ehre wichtig – oder die Gottes, den ich suche und bekenne?

Ich betrachte Situationen von Verspottung in meinem Leben: Wenn jemand über Dinge, die mir wertvoll und heilig sind, spottet, verletzt mich das und zerstört etwas in mir. Solcher Spott nagt in meiner Seele, kratzt an meiner Identität. Will ich das ertragen? Für Gott? Vielleicht ist es ja nur mein stolzes Ego, das ein wenig angeknabbert wird. Ein solcher Spott könnte mir also gut tun. Kann ich ihn unter dieser Rücksicht – am besten mit einer Prise Humor – annehmen und daran wachsen? Übrigens gibt es Darstellungen des dornengekrönten Jesus, der lächelt ...

Wie offen bin ich? Vielleicht ist meine Seele zu offen, so dass der kleinste Gegenwind mich umwirft, das geringste Hinterfragen meine Selbstgewissheit auffrisst. Vielleicht ist meine Seele jedoch zu abgeschottet, so dass mein Ich wie einbetoniert ist und sich durch keine Macht der Welt hinterfragen lässt. Ich bemühe mich um die rechte Balance: In ihr ist nicht meine Ehre heilig, sondern die Ehre Gottes; ich will mich korrigieren, aber nicht zerfressen lassen; ich bleibe selbstbewusst und doch demütig; ich bin empfindsam, aber nicht empfindlich. Um diese Balance bete ich.

Jesu Verspottung und seine Ermordung sind grausam und gewalttätig. Nichts ist mehr in Balance. Ein Mensch wird brutal zerstört. Um wenigstens innerlich zu überleben, muss Jesus sich abschotten – ob ihm das gelingt, ist zweifelhaft. Seine Königswürde wird ins Lächerliche verkehrt. Alle Macht und allen Selbstwert muss er aus den Händen geben. Ich kann sein Leiden anschauen und auszuhalten versuchen. Mit allem, was mir an Gedanken und Gefühlen kommt, werde ich mich dem Herrn hinhalten. Ich werde schweigen und harren.

Weitere Schriftstellen

Markus 14 – 15	Die Leidensgeschichte Jesu
Jesaja 52,13–53,12	Der leidende Gottesknecht

Jesus stirbt

Lukas 23,44–49

[44] Es war etwa um die sechste Stunde, als eine Finsternis über das
ganze Land hereinbrach. Sie dauerte bis zur neunten Stunde. [45] Die
Sonne verdunkelte sich. Der Vorhang im Tempel riss mitten entzwei,
[46] und Jesus rief laut: Vater, in deine Hände lege ich meinen Geist.
Nach diesen Worten hauchte er den Geist aus. [47] Als der Hauptmann
sah, was geschehen war, pries er Gott und sagte: Das war wirklich ein
gerechter Mensch. [48] Und alle, die zu diesem Schauspiel herbeigeströmt
waren und sahen, was sich ereignet hatte, schlugen sich an die
Brust und gingen betroffen weg. [49] Alle seine Bekannten aber standen
in einiger Entfernung (vom Kreuz), auch die Frauen, die ihm seit der
Zeit in Galiläa nachgefolgt waren und die alles mit ansahen.

Es ist der Tag vor Pesach, etwa 15 Uhr: Seit Stunden hängt Jesus am Kreuz und kämpft mit dem Tod. Quälend langsam kommt die Tortur zu ihrem Ende. Endlich kann Jesus sterben. Jeder Evangelist berichtet darüber mit anderem Akzent (siehe Mk 15,33–41; Mt 27,45–56). Die dreistündige »Finsternis« ist nach Lukas eine Sonnenfinsternis; sie deutet auf das Ende der Weltzeit hin. Dass der Vorhang des Tempels zerreißt, signalisiert einen Bruch für die jüdische Religion und für die Weltgeschichte. Was Lukas von den äußeren Umstände des Todes Jesu erzählt, trägt legendenhafte Züge; bei Matthäus sind diese noch verstärkt. Sie wollen nicht zuerst Geschichte berichten, sondern die überzeitliche Bedeutung des Geschehens hervorheben: Etwas beginnt hier neu – was das ist, bleibt offen.

Im Sterben schreit Jesus mit lauter Stimme. Nach Lukas ruft er nicht – wie nach Markus und Matthäus – seine Gottverlassenheit heraus, sondern er bekennt gläubig sein Vertrauen in den Vater, indem er einen Psalm zitiert (Ps 31,6). Hat der Evangelist wenige Jahrzehnte nach dem Geschehen bereits die unerträgliche Gottferne des Kreuzes verklärend umgedeutet? »Geist« meint hier nicht, dass nun eine vom Leib getrennte »Seele« zum Vater geht, sondern »Leben«: Sein *ganzes Leben* – den geschundenen Leib und die gemarterte Seele in Einheit – legt Jesus vertrauensvoll in die Hände des Vaters.

Der römische Hauptmann wird trotz – oder wegen? – der Finsternis zum Sehenden! Er, der ja Heide ist, ungläubig, nimmt wahr, dass hier Außerordentliches geschieht. Nach Markus bekennt er, dass hier »Gottes Sohn« gestorben ist; er kommt also zum Glauben. Lukas erzählt zurückhaltender: Indem der Hauptmann Gott preist und Jesus als »gerechten Menschen« bekennt, sagt er, dass dieser *schuldlos* ermordet wurde – obwohl die Art der Hinrichtung damals bedeutet, dass ein Verbrecher und von Gott Verfluchter seine verdiente Strafe verbüßt. Auch die Menge, die aus Schaulust zusammenlief, ist existentiell betroffen. Indem sich die Menschen an die Brust klopfen, bekennen sie sich schuldig: Unschuld und Schuld – sie waren wahrheitswidrig verdreht – werden in dieser letzten Stunde der alten Weltzeit endlich zur Wahrheit gebracht: Jesus wird als der unschuldig leidende Gerechte der Welt offenbar. Die schuldig gewordene Menschheit erkennt und bereut ihr Unrecht.

»Alle Bekannten« Jesu, darunter auch seine Jüngerinnen – die Jünger werden nicht eigens erwähnt –, bleiben in sicherer Entfernung stehen. Sie haben sich unter die Menge gemischt und scheinen von ihr nicht mehr unterschieden zu sein. Vielleicht bedeutet dies, dass sich angesichts des Kreuzes Jesu seine gläubigen Anhänger nicht mehr von den ungläubigen Menschen unterscheiden?! Damit würden sich Jesu Freundinnen und Freunde als nicht besser oder treuer als die anderen erweisen. Ein heidnischer Hauptmann kommt als erster zum Glauben! *Alle* haben sich als ungläubig erwiesen. Alle sind angesichts des Todes Jesu betroffen und schlagen sich ob ihrer Schuld an die Brust. Alle müssen umkehren und den Glauben neu lernen. Für alle beginnt mit dem Kreuz ein radikal neuer innerer und äußerer Weg. Für alle und für die ganze Welt beginnt eine neue Zeit. Alle meinten, Gott zu haben; nun müssen sie ihn neu suchen.

Fragen und Hinweise

Ich kann ein Kruzifix vor mich hinstellen oder -legen und es betrachten. Ich *sehe* einen grausam hingerichteten Verbrecher – ich *glaube*, dass Gottes unendliche Liebe und sein unausdenkliches Erbarmen sich in dieser jämmerlichen Gestalt zeigen. Wahrscheinlich fällt mir dieser Glaube schwer. Wir sind es nicht gewohnt, das Gegenteil dessen zu *glauben*, was wir *sehen*. Das ist die Zumutung des Christentums; billiger ist es nicht zu bekommen. Ich kann um den Glauben an Jesus Christus beten. Ich darf mir Zeit lassen, in diesen Glauben hineinzufinden. Ich stelle mich nicht unter einen spirituellen Leistungsdruck, sondern vertraue darauf, dass Gott mich dann im Glauben weiterführt, wenn es gut für mich ist. Ich öffne mich dafür, neu und anders das Kreuz zu sehen und Gott wahrzunehmen.

Ich kann den Hauptmann und die Schaulustigen betrachten: Anfangs erwarten sie ein gruseliges Spektakel. Sie öffnen sich jedoch für das Außerordentliche. Durch äußere Zeichen irritiert, verweigern sie sich der so plausiblen und doch perfiden Logik, dass hier ein Verbrecher sein verdientes Ende findet. Sie beginnen zu ahnen, dass der tote Mann dort unschuldig war, sie selbst jedoch schuldig sind! In ihnen bricht etwas auf, und sie spüren, dass durch diesen Tod in ihnen etwas befreit und geheilt wird. Ich bete darum, in dieses Geschehen hinein genommen zu werden. Ich bete um Erkenntnis, um Heilung, um Glauben.

Nach einer alten christlichen Tradition kann ich die *Sieben letzten Worte Jesu* betrachten. Man stellt sie aus den vier Evangelien zusammen. Zusammen deuten sie – auch wenn sie uneinheitlich und widersprüchlich sind – die Haltung Jesu im Sterben an. Ich kann mich in meinem Verhältnis zum Leben und zum Sterben an ihnen orientieren. Ich kann bei dem Wort verweilen, das mich am meisten anspricht. Oder ich meditiere sie gemeinsam in ihrer Vieldeutigkeit und Tiefe, manche in ihrer Schroffheit. Die überlieferten sieben Worte, ergänzt durch ein achtes, sind:

»Vater, vergib ihnen, denn sie wissen nicht, was sie tun.«
(Lk 23,34)

»Amen, ich sage dir: Heute noch wirst du mit mir im Paradies sein.«
(Lk 23,43)

»Frau, siehe dein Sohn – siehe, deine Mutter.« (Joh 19,26f.)

»Mich dürstet.« (Joh 19,28)

»Es ist vollbracht.« (Joh 19,30)

»Mein Gott, mein Gott, warum hast du mich verlassen?«
(Mk 15,34)

»Vater, in deine Hände lege ich meinen Geist.« (Lk 23,46)

Das achte Wort: Der Todesschrei Jesu. (Mk 15,37)

Nach einer ungewöhnlichen Deutung des indischen Jesuiten Anthony de Mello kann man den Gekreuzigten als Symbol von Freiheit meditieren. Dazu mache ich mir bewusst: Der Gekreuzigte, den ich tot am Balken hängend betrachte, hat keine Freunde mehr, keine Würde, kein Ansehen, keinen Erfolg, keine Glaubwürdigkeit, keine Hilfe, kein Leben, keinen Gott! Weil er alles losließ, ist er ganz frei. Ich betrachte nun mich selbst: Wie ich unfrei bin, Sklave der Meinung anderer über mich; Sklave meines Perfektionismus und meines Erfolgs; Sklave meiner Sucht nach Anerkennung und Trost; Sklave gegenüber meinen Freunden, indem ich sie für meine Bedürfnisse ausnutze; Sklave gegenüber meinem Gott, den ich benutze, um mir angenehme Gefühle zu verschaffen oder um gesichert und schmerzfrei zu leben. In der Passion gewinnt Jesus seine endgültige Freiheit. Er ringt mit allem, was ihn bindet; schließlich besiegt er diese »Anhänglichkeiten«. Vollkommen leer und frei gibt er sich an den Vater. Ich kann mir nun vorstellen, wie gläubige Menschen aller Jahrhunderte nach Golgota pilgern und dort den Gekreuzigten anbeten. Auch ich komme hinzu, knie mich nieder, berühre mit der Stirn den Boden und bete den gekreuzigten Herrn an.

Weitere Schriftstellen

Psalm 22	Der Sterbepsalm Jesu
Johannes 12,24	Das Weizenkorn fällt in die Erde und stirbt

»Verflucht der Tag, an dem ich geboren wurde …«
Jeremia 20,7–18

7 Du hast mich betört, o Herr, / und ich ließ mich betören; / du hast
mich gepackt und überwältigt. Zum Gespött bin ich geworden den
ganzen Tag, / ein jeder verhöhnt mich. 8 Ja, sooft ich rede, muss ich
schreien, / «Gewalt und Unterdrückung!«, muss ich rufen. Denn das
Wort des Herrn bringt mir / den ganzen Tag nur Spott und Hohn.
9 Sagte ich aber: Ich will nicht mehr an ihn denken / und nicht mehr in
seinem Namen sprechen!, so war es mir, als brenne in meinem Herzen
ein Feuer, / eingeschlossen in meinem Innern. Ich quälte mich es aus-
zuhalten /und konnte nicht; 10 hörte ich doch das Flüstern der Vielen: /
Grauen ringsum! Zeigt ihn an! / Wir wollen ihn anzeigen. Meine näch-
sten Bekannten / warten alle darauf, dass ich stürze: Vielleicht lässt er
sich betören, / dass wir ihm beikommen können und uns an ihm rä-
chen. 11 Doch der Herr steht mir bei wie ein gewaltiger Held. Darum
straucheln meine Verfolger und kommen nicht auf. Sie werden
schmählich zuschanden, da sie nichts erreichen, / in ewiger, unver-
gesslicher Schmach. 12 Aber der Herr der Heere prüft den Gerechten, /
er sieht Herz und Nieren. Ich werde deine Rache an ihnen erleben; /
denn dir habe ich meine Sache anvertraut. 13 Singt dem Herrn, rühmt
den Herrn; / denn er rettet das Leben des Armen aus der Hand der
Übeltäter. 14 Verflucht der Tag, an dem ich geboren wurde; / der Tag,
an dem meine Mutter mich gebar, sei nicht gesegnet. 15 Verflucht der
Mann, / der meinem Vater die frohe Kunde brachte: Ein Kind, ein
Knabe ist dir geboren!, / und ihn damit hoch erfreute. 16 Jener Tag
gleiche den Städten, / die der Herr ohne Erbarmen zerstört hat. Er
höre Wehgeschrei am Morgen / und Kriegslärm um die Mittagszeit,
17 weil er mich nicht sterben ließ im Mutterleib. / So wäre meine
Mutter mir zum Grab geworden, / ihr Schoß auf ewig schwanger
geblieben. 18 Warum denn kam ich hervor aus dem Mutterschoß, /
um nur Mühsal und Kummer zu erleben / und meine Tage in Schande
zu beenden?

»Du hast mich betört, o Herr ...« – der Auftakt klingt im Deutschen noch einigermaßen freundlich. Allerdings benutzt die Bibel das hebräische Wort für »betören« dann, wenn ein Mann ein Mädchen verführt, oder bei der Verführung zum Götzendienst. Jeremia klagt also Gott – seinen *lebendigen Gott*! – an, ihn wie ein sexuell ausgehungerter Mann zu missbrauchen; oder: ihn zur Anbetung *falscher* Götter zu verführen! Im zweiten Halbsatz – »und ich ließ mich betören« – klagt Jeremia sich selbst an: Wie konnte ich nur so dumm sein, mich von diesem Gott zum Abgrund führen zu lassen?! Was für eine Ouvertüre zu einem der heftigsten Klagetexte der Weltliteratur!

Ebenso heftig geht es weiter: Jeremia – »so jung« (Jer 1,6) wurde er ja berufen – ist arglos und unerfahren. Dieser Gott hat Jeremias Naivität schamlos ausgenutzt und ihn missbraucht! Ein übermächtiger Patriarch überwältigte einen schwachen Knaben! Dieser Vorwurf klingt lästerlich – an prominenter Stelle der Heiligen Schrift! Die Klage kommt aus einem zutiefst verletzten und gedemütigten Herzen. Das Hohngelächter seiner Widersacher gellt Jeremia in den Ohren. Nur noch lästern kann er in dieser furchtbaren Qual.

»Gewalt und Unterdrückung« musste Jeremia immer wieder heraus schreien, gegen das Unrecht in Jerusalem. Sein Auftrag war ihm zuwider, aber auf göttlichen Befehl führte er ihn aus. Nun fällt seine prophetische Anklage auf ihn zurück: Weil die Bewohner Jerusalems seine Rede nicht ertragen, schieben sie die Verantwortung für das Unheil, das er ihnen weissagt, ihm selbst in die Schuhe. Und zum Opfer dieses Unheils wollen sie ihn dadurch machen, dass sie ihn gewaltsam aus dem Weg räumen.

In V. 9 erzählt Jeremia, wie er sein Prophetenamt hinwerfen will. Doch er schafft es nicht. Ein inneres Feuer zwingt ihn weiterzumachen. An seiner Berufung hat er offensichtlich nicht den Hauch eines Zweifels! Und Ungehorsam wäre ihm unmöglich. Dieser gleichsam gegen seine Natur gerichtete göttliche Zwang bringt ihn in eine unerträgliche Spannung. Seine »nächsten Bekannten« richten seine eigenen, von ihm oft gebrauchten Worte gegen ihn: »Grauen ringsum«. Ihr Getuschel soll ihn zermürben. Nun »betören« ihn seine menschlichen Gegner – um ihn zu stürzen. Hilflos und von abgründiger Angst erfüllt quält er sich durch sein zerstörtes Leben.

Die Verse 11 bis 13 stimmen plötzlich einen anderen Ton an. Möglicherweise handelt es sich um einen späteren Einschub, der nicht vom Propheten selbst stammt. In einem gebetsartigen Text gibt hier ein Verfolgter seiner Hoffnung auf göttliche Rettung Ausdruck. Der Abschnitt hat wörtliche Anklänge im Psalmenbuch und in anderen Jeremiaversen. Die Meditation darf jedoch davon ausgehen, dass diese Verse mit Absicht hier stehen und daher das Ganze als *ein* Text zu nehmen ist. Den plötzlichen Umschwung der Stimmung kann man vielleicht so deuten, dass Jeremia selbst in seinen Empfindungen hin- und hergerissen ist. Offensichtlich ist er so aufgewühlt, dass seine Wahrnehmung nicht mehr eindeutig ist. Wie ein geistig Kranker taumelt er in verschiedenen Wirklichkeiten herum und sieht sich abwechselnd in ihnen. Die weitere Geschichte Jeremias wird dem Vertrauen und der Zuversicht dieser Verse Recht geben, denn die Widersacher Jeremias gehen unter, er selbst wird jedoch gerettet.

Vers 14 kehrt zur Heftigkeit des Anfangs zurück. Die Klage wird nochmals verschärft. In alttestamentlicher Zeit wird der Tag, an dem ein Kind zur Welt kommt, als Festtag begangen. Ihn zu verfluchen, grenzt – noch einmal – an Gotteslästerung! Wie Sodom und Gomorra soll der Geburtstag Jeremias vernichtet werden. Jeremia spielt hier auf jene Städte an, auf die Gott wegen ihrer Gräueltaten Feuer und Schwefel regnen ließ (Gen 19,24f.). Früher hat Jeremia Jerusalem eine solche Vernichtung angedroht – nun beschwört er sie für sich selbst! Welch abgründiger Zweifel muss Jeremia gepackt haben? Sein Leben ist nur noch Qual. Er sehnt sich nach dem Tod, der allein ihm Ruhe zu versprechen scheint. Am Ende stellt er die quälendste aller Fragen: Warum noch leben? Was für einen Sinn kann dieses Leben in Kummer, Mühsal und Schande noch haben?

Vielleicht war oder bin ich in einer Lage, die der des Propheten Jeremia vergleichbar ist. Ich werde dann dieses »Bekenntnis« – so bezeichnet man die Gattung dieser im Buch Jeremia mehrfach vorkommenden Klagereden – unmittelbar meditieren und nachvollziehen können. Ich werde meine Verzweiflung und meine Bitterkeit, meine Wut auf Gott, meine Selbstverfluchung und meine Todessehnsucht heraus schreien. Wenn ich an Gottes Existenz oder Güte oder an meiner Berufung durch ihn zweifle, kann mich vielleicht trösten, dass Jeremia zwar nicht an Gottes Existenz und seinem Ruf zweifelte, wohl aber die Güte und Allmacht Gottes nicht mehr gelten ließ. Wie er *darf* ich berechtigte Vorwürfe vorbringen, bis hin zur – menschlich gesehen – lästernden Rede! Ohne Rücksichten religiöser oder bürgerlicher Korrektheit halte ich *alle* Zweifel und allen Ärger Gott hin.

Vielleicht wundere ich mich darüber, dass ein so harscher Text in die Bibel aufgenommen wurde. Ich darf aus dieser Tatsache schließen, dass ich wie Jeremia umstandslos Gott meine Emotionen ins Gesicht schleudern kann. Gott hält das aus – besser als jeder Mensch. Und wenn mir ein solcher Umgang mit Gott nicht gelingen mag, kann mich vielleicht trösten, dass mir dieser Umgang erlaubt wäre. Ich kann darum beten, dass er mir gelinge und mich von mancher Last befreie. Und wenn ich gar nicht mehr an Gott glauben kann oder mag, kann ich mich immerhin dadurch herausfordern lassen, dass Jeremia in äußerster Verzweiflung doch noch mit ihm rang! Auch in Vorwürfen und Lästerungen steckt noch eine Sehnsucht nach Beziehung und ein letztes Suchen und Vertrauen.

Vielleicht fühle ich mich hin- und hergerissen zwischen verschiedenen Wahrnehmungen meiner Situation. Mal bin ich eher hoffnungsfroh, dann plötzlich wieder verzweifelt. Meine Gefühle sind so in Aufruhr und Verwirrung, dass ich ihnen nicht mehr trauen darf. Meditierend kann ich Worte Jeremias immer wieder rezitieren, gerade solche, die sich widersprechen und so mein inneres Chaos zur Sprache bringen.

Immer wieder kann ich mir – und auch Gott – die Warum-Frage stellen: Warum ruft er mich in solche absurden Situationen? Warum muss ich solche Lasten tragen? Warum mich von Gegnern verhöhnen und quälen lassen? Welchen Sinn kann ein Leben in Schmach und Schande haben? Warum *ich* – und dem bösen Menschen nebenan geht es offensichtlich weiterhin hervorragend?! Warum nur war ich so dumm, mich von Gott betören zu lassen? Warum bin ich ihm nicht davongelaufen? Diese Fragen bohren und quälen. Sie werden lange nicht beantwortet werden. Indem wir sie stellen und Gott hinhalten, stellen wir uns radikaler unserer Wahrheit. Dass ich auf diese Fragen jetzt keine Antwort finde, versuche ich nochmals tiefer anzunehmen. In meinem Fragen drückt sich eine letzte Sehnsucht und Suche nach Gott aus.

Vielleicht aber habe ich solche der Lage Jeremias vergleichbare Situationen nie erlebt. Dann sollte ich zuerst dafür danken, dass ich verschont blieb! Ich kann mir Freunde ins Gedächtnis rufen, die solche Situationen aushalten müssen. Oder ich denke an verfolgte, ausgebeutete, unschuldig gefangene oder politisch unterdrückte Menschen; oder an Jesus am Kreuz. Ich kann mit diesen Leidenden mitfühlen und für sie beten. Ich mache mir klar, dass auch ich in solche Situationen geraten kann. Ich bete darum, dass dieser Kelch an mir vorübergehe und dass ich – wenn Gott es will – bereit sein werde, ihn zu trinken. Ich bete darum, in schweren Stunden Kraft und Mut und Glauben zu haben.

Weitere Schrifttexte

Hiob 3	Klage und Todessehnsucht
Psalm 16	Hoffnung in der Not

5 Neu leben

Der letzte Abschnitt der Exerzitien heißt nach Ignatius »vierte Woche«. Am Ostermorgen entdecken Jüngerinnen und Jünger, dass das Grab Jesu leer ist. Einigen von ihnen erscheint der Auferstandene. Mit ihnen sehen wir, dass alles menschliche Leiden, die Angst und der Tod endgültig besiegt sind. Wieder werden wir schrittweise vom Dunkel ins Licht geführt. Der Osterglaube und die Osterfreude werden in uns lebendig. Als befreite und erlöste Menschen blicken wir nach vorne. Wir danken Gott für seine großen Taten und entdecken die Gemeinde als Ort christlichen Lebens. In aller Gebrochenheit erfahren wir tröstlich die Nähe Gottes. Immer bleiben wir auf der Suche nach ihm. In Christus leben wir neu.

Das Grab ist leer

Johannes 20,1–10

[1] Am ersten Tag der Woche kam Maria von Magdala frühmorgens, als
es noch dunkel war, zum Grab und sah, dass der Stein vom Grab weg-
genommen war. [2] Da lief sie schnell zu Simon Petrus und dem Jünger,
den Jesus liebte, und sagte zu ihnen: Man hat den Herrn aus dem Grab
weggenommen und wir wissen nicht, wohin man ihn gelegt hat. [3] Da
gingen Petrus und der andere Jünger hinaus und kamen zum Grab;
[4] sie liefen beide zusammen dorthin, aber weil der andere Jünger
schneller war als Petrus, kam er als erster ans Grab. [5] Er beugte sich
vor und sah die Leinenbinden liegen, ging aber nicht hinein.

[6] Da kam auch Simon Petrus, der ihm gefolgt war, und ging in das Grab
hinein. Er sah die Leinenbinden liegen [7] und das Schweißtuch, das auf
dem Kopf Jesu gelegen hatte; es lag aber nicht bei den Leinenbinden,
sondern zusammengebunden daneben an einer besonderen Stelle.
[8] Da ging auch der andere Jünger, der zuerst an das Grab gekommen
war, hinein; er sah und glaubte. [9] Denn sie wussten noch nicht aus der
Schrift, dass er von den Toten auferstehen musste. [10] Dann kehrten die
Jünger wieder nach Hause zurück.

Hinführung

Früh ist es am Morgen, noch ist alles dunkel. Diesen Hinweis des Evangelisten kann man symbolisch deuten: Nach dem Karfreitag bleiben die Jüngerinnen und Jünger Jesu in innerer Dunkelheit. Ihre Hoffnung auf Jesus, den sie für den Messias und Retter hielten, ist brutal zerstört worden. In Galiläa hatten sie wenige Monate zuvor erlebt, wie sich die Massen für Jesus begeisterten. Nun hat sich ihre Bewegung als Strohfeuer erwiesen, das nach kurzem Auflodern durch den Gegenwind der Widersacher Jesu ausgeblasen wurde. Der Gottesmann, mit dessen Person diese Frauen und Männer ihre Heilserwartungen unlöslich verknüpft hatten, ist tot, ihr Aufbruch definitiv gescheitert. Sie sind frustriert und hoffnungslos. Die Dunkelheit des frühen Morgens wird zum Bild ihrer Trauer und Gottesfinsternis.

Maria von Magdala war lange eine Vertraute Jesu. Sie war ihm überallhin gefolgt und stand bis zum Ende treu zu ihm. Warum sie an diesem Morgen zum Grab geht, wird bei Johannes nicht erzählt. Nach den anderen Evangelien sind es mehrere Frauen, die in der Frühe den Leichnam einbalsamieren wollen – ein letzter Dienst an dem verstorbenen Freund. Maria sieht, dass man den Stein vom Grab weggewälzt hat, und ist verwirrt. Von so etwas wie Auferstehung kann sie in diesem Moment nicht einmal träumen. Wie selbstverständlich vermutet sie, dass der Leichnam an einen anderen Ort gebracht wurde. Überrascht und erschrocken eilt sie zu den Jüngern.

Petrus und der Jünger, »den Jesus liebte« – gewöhnlich wird er mit dem Evangelisten Johannes, dem Autor dieses Evangeliums, identifiziert – eilen zum Grab. Sie sind irritiert und nervös. Man hat dieses Eilen als eine Art Wettlauf gedeutet, den der – nach einer späteren Legende – Jüngere gewinnt. Vielleicht will der Evangelist auch andeuten, dass der, den mit Jesus die größere persönliche Nähe – Liebe – verbindet, zu noch schnellerem Lauf angespornt ist. Wenn die Identität stimmt, würde der Erzähler damit diskret sich selbst meinen. Wer liebt, hat einen unbeugsamen Drang, den Geliebten möglichst schnell zu sehen. So kommt der Lieblingsjünger zuerst zum Grab, geht aber, wohl aus Scheu, noch nicht hinein.

Nach einer alten Auslegung dieses Textes sieht man in Petrus das Prinzip des *Amtsträgers* verkörpert: Er ist der Ältere, also bedächtiger und reifer, rationaler. Er hat die Aufgabe, gewissermaßen amtlich die Tatsachen festzustellen: Er geht in das Grab hinein; es ist leer; die Leinenbinden und das Schweißtuch liegen noch da. Durch die abgelegten Tücher ist klar, dass der Leichnam nicht einfach weggetragen wurde. Es muss etwas anderes passiert sein. Wie Petrus persönlich reagiert, wird nicht erzählt. Für den Amtsträger ist diese Frage nachgeordnet.

Johannes verkörpert nach dieser Deutung das Prinzip des *Charismas* – das heißt der »Gnadengabe« des Heiligen Geistes, der vor allem *Liebe* schenkt. Johannes läuft aus einer heftigen inneren Erschütterung heraus los. Er ist der Jüngere, also schneller und ungestümer, emotionaler. Am Grab lässt er dem Älteren den Vortritt zu untersuchen, was sich ereignet hat. Das Amt hat Vorrang: Es *stellt fest* und wird so zum *Zeugen*. Nun geht auch Johannes in die Grabkammer hinein. Er erkennt sofort, dass sich etwas Außerordentliches ereignet haben muss. »Er sah und glaubte«: Mit unübertrefflicher Prägnanz schildert der Evangelist – wenn er es selbst ist – seine Reaktion. »Glauben« meint in der johanneischen Sprache das existentielle Vertrauen darauf, dass hier Gott etwas Wunderbares getan hat! Eine so spontane und intuitive Einsicht kann nur aus Liebe entspringen. Wenn es um den *Glauben* geht, hat gegenüber dem Amt das *Charisma der Liebe* den Vorrang. Es ist schneller und klarer. Es erkennt – mit dem Herzen.

Das leere Grab bleibt rätselhaft. Es *beweist* nichts, sondern ist nur ein *Zeichen*, das auf den Auferstandenen *verweist*. Wir müssen an die Auferstehung *glauben*. Das geht nur mit dem Herzen. Der Verstand kann rätselhafte Tatsachen feststellen. Nachträglich wird er die *Glaubens*einsicht – dass da einer vom Tod auferstanden sein muss! – erfassen und durchdenken; herstellen oder beweisen kann er sie nicht.

Maria und die beiden Jünger kehren nach Hause zurück. Noch ist vieles undurchsichtig, noch bleiben Zweifel. Das Dunkel weicht langsam, der Ostermorgen graut gerade. Nach dem Schock des Karfreitags muss sich der menschliche Geist erst langsam an das Neue gewöhnen. Verstanden haben die Jüngerinnen und Jünger noch nichts. Ihre Seele braucht Zeit, die Gefühle müssen sich entwickeln. Später zeigt sich der Auferstandene an anderen Orten einigen ausgewählten Zeugen. Noch später lernt die junge Christengemeinschaft, ihre Bibel – das Alte Testament – im Licht des Auferstandenen neu zu deuten. Was Maria und die Jünger am Ostermorgen erahnen, werden sie nach und nach verstehen. Es wird sie erfüllen und ihr Leben verwandeln.

Fragen und Hinweise

Ich kann das Dunkel jener Nacht betrachten: Ich sehe darin meine eigene Verwirrung und Verzweiflung in Dingen des Glaubens. Ich sehe, dass das Kreuz auch mich in Trauer und Gottesfinsternis stürzt. Ich betrachte meine enttäuschten Hoffnungen, meine frustrierten Sehnsüchte, meine gescheiterten Lebenspläne. Ich halte sie Gott hin.

Ich gehe mit Maria zum Grab. Ich lasse mich durch den weggewälzten Stein überrumpeln und verwirren. Die Auferstehung ist nicht selbstverständlich. Habe ich bisher zu unbedacht und einfältig geglaubt? Nach dem Karfreitag ist der Auferstehungsglaube ganz ungeheuerlich. Ich lasse mich durch diese Einsicht herausfordern. Ich erkenne, dass es ein langer Weg ist, wirklich im Herzen zu glauben. Ich bitte darum, diesen Weg gehen zu können.

Ich sehe mich in Petrus, dem Träger des Amtes. Kann ich akzeptieren, dass ich langsamer als der Jüngere bin? Wäre ich wie Petrus in einer solchen Situation eher nüchtern und zurückhaltend im Urteil? Was würde ich an jenem Morgen fühlen, wenn ich wie Petrus eine so lange und bewegte Geschichte mit Jesus gehabt hätte? Petrus beschränkt sich auf das Sehen und bleibt in Glaubensdingen erst einmal neutral – oder skeptisch. Ich bete darum, vom Sehen zum Glauben zu kommen.

Ich schaue auf den »Lieblingsjünger«, in dem wir den Evangelisten Johannes sehen: Durch seinen Laufeifer lasse ich mich in meiner Trägheit anspornen. Durch seine Scheu davor, gleich als erster ins Grab hinein zu stürmen, lasse ich mich im Übereifer bremsen. Ich betrachte seine besondere Nähe zu Jesus: Bin ich neidisch, wenn ein anderer zum Meister eine so intensive Beziehung pflegen darf? Oder belächle ich im Herzen diese Beziehung als allzu gefühlvoll, ja kitschig? Könnte ich wie Johannes meine Gefühle offen zeigen, oder bleibe ich lieber kühl, distanziert, überlegen – vielleicht aus Angst? Kann ich intuitiv zum Glauben kommen? Hat die Stimme des Herzens bei mir ein genügend großes Gewicht? Traue ich ihr genügend zu? Ich bete darum, dass sich mein Herz öffnet und dass ich lieben lerne.

Was an jenem Morgen geschieht, wird bald zu dem, was wir »Ostern« nennen. Ich kann meinen Osterglauben betrachten: Ich brauche nicht sofort und voller Enthusiasmus in die Osterfreude einzustimmen. Ich darf mir Zeit lassen. Langsam gebe ich der Freude in mir Raum. Den Rhythmus, den meine Seele braucht, darf sie leben. Aus dem Dunkel meiner Glaubensnacht lasse ich mich schrittweise durch das Morgengrauen in das österliche Licht führen. Zu irgendeinem Zeitpunkt wird die strahlende Morgensonne, der auferstandene Christus, in mein Herz hineinleuchten. Und ich werde ihn – wenn ich stetig suche – erkennen und annehmen. Ich bitte um den Osterglauben und die Osterfreude.

Weitere Schrifttexte

Lukas 24,1–12	Die Frauen am Grab
Römer 6,1–11	Getauft auf Christi Tod und Auferstehung

Eine Freundin Jesu

Johannes 20,11–18

11 Maria aber stand draußen vor dem Grab und weinte. Während sie
weinte, beugte sie sich in die Grabkammer hinein. 12 Da sah sie zwei
Engel in weißen Gewändern sitzen, den einen dort, wo der Kopf, den
anderen dort, wo die Füße des Leichnams Jesu gelegen hatten. 13 Die
Engel sagten zu ihr: Frau, warum weinst du? Sie antwortete ihnen: Man
hat meinen Herrn weggenommen und ich weiß nicht, wohin man ihn
gelegt hat. 14 Als sie das gesagt hatte, wandte sie sich um und sah Je-
sus dastehen, wusste aber nicht, dass es Jesus war. 15 Jesus sagte zu
ihr: Frau, warum weinst du? Wen suchst du? Sie meinte, es sei der Gärt-
ner, und sagte zu ihm: Herr, wenn du ihn weggebracht hast, sag mir,
wohin du ihn gelegt hast. Dann will ich ihn holen. 16 Jesus sagte zu ihr:
Maria! Da wandte sie sich ihm zu und sagte auf Hebräisch zu ihm:
Rabbuni!, das heißt: Meister. 17 Jesus sagte zu ihr: Halte mich nicht
fest; denn ich bin noch nicht zum Vater hinaufgegangen. Geh aber zu
meinen Brüdern und sag ihnen: Ich gehe hinauf zu meinem Vater und
zu eurem Vater, zu meinem Gott und zu eurem Gott. 18 Maria von Mag-
dala ging zu den Jüngern und verkündete ihnen: Ich habe den Herrn
gesehen. Und sie richtete aus, was er ihr gesagt hatte.

Hinführung

Maria von Magdala ist eine enge Freundin Jesu. Nach der Katastrophe des Karfreitag ehrt sie sein Andenken, indem sie – nach Johannes – am ersten auf das Pesachfest folgenden Werktag zu Jesu Grabstätte geht. Dort entdeckt sie, dass das Grab leer ist. Irgend jemand muss den Leichnam Jesu weggenommen haben. Sie läuft zurück und sagt es den Jüngern (Joh 20,1–10). Sie ist völlig durcheinander. Dann geht sie nochmals zum Grab und weint aus Trauer, Schmerz und Verzweiflung. Sie weiß nicht mehr, wie es weitergehen soll. Sie weiß überhaupt nichts mehr. Die folgende Begegnung wird in einer ganz eigenen Zartheit erzählt.

Mit den beiden Engeln gewinnt die Geschichte einen legendenhaften Zug. Vermutlich ist diese Episode ein späterer Einschub in den Text. Vieles ist hier ungewöhnlich: dass die Engel beim Grabbesuch des Petrus (20,6f.) noch nicht zu sehen sind; dass Maria nicht erschrickt, als sie die weißen Gestalten sieht; dass die Engel zwar eine Frage stellen, aber nach deren Beantwortung das Gespräch beenden – als *Boten* Gottes wären sie ja dafür bestimmt, den Menschen etwas mitzuteilen! Vermutlich sollten sie in diesem Text als göttliche Zeugen der Auferstehung erscheinen, aber die Episode ist – im Unterschied zu anderen Evangelien – nur bruchstückhaft eingefügt. Jedenfalls deutet das Erscheinen der Engel darauf hin, dass hier Gott handelt und dass er Außerordentliches fügt!

Weshalb fragt der Auferstandene Maria, warum sie weine und wen sie suche? Das Johannesevangelium inszeniert immer wieder breit, dass die Jünger – und andere Menschen – Jesus nicht sofort erkennen. Dieses Verzögern macht die Erzählung dramatischer und bereitet darauf vor, dass Jesus sich den Menschen ausdrücklich als der von Gott Gesandte offenbart. An diesem Ostermorgen haben der Schmerz und der Übereifer Maria blind gemacht. Jesus wirkt für sie so alltäglich, dass sie ihn für den Gärtner hält. Damit betont die Erzählung, dass der Auferstandene keine außerordentlichen, irgendwie überirdischen Züge hat, sondern als gewöhnlicher Mensch erscheint, welcher der von früher her bekannte Mensch Jesus *ist*. Immer wieder stellen die Evangelien diese Identität gegen die erste Kritik am Auferstehungsglauben heraus. Jetzt Jesus wiederzusehen, überrumpelt Maria so sehr, dass sie ihn nicht sofort erkennt.

Die Szene der Wiedererkennung bewegt uns: Jesus ruft Maria beim Namen. Nach biblischem Verständnis spricht er sie damit persönlich an, er berührt ihr Sein. Über den Namen *erkennt* man einen Menschen, was in der Schrift immer eine gefühlvolle, liebende Hinwendung meint. Dieses Erkennen löst in Maria eine erst keimhafte und verhaltene, dann aber um so größere Freude aus. In ihr Herz fährt ein Blitz, der ihr eine intuitive Klarheit schenkt, auch wenn der Verstand erst später nachkommt. Ihre Reaktion – das aramäische *Rabbuni* bedeutet wörtlich »mein Meister« – ist ein Glaubensbekenntnis in einem persönlichen, fast zärtlichen Ton: Jesus, der totgeglaubte Freund und Lehrer, lebt!

Maria ist überwältigt. Ihr Dasein ist von Grund auf erneuert. Ihr Leben wird eine radikale Wende nehmen.

Natürlich will Maria in diesem so schönen Augenblick verweilen. Vermutlich fällt sie Jesus zu Füßen und will seine Beine umklammern. Jesus verweigert ihr diese Geste. Sie darf ihn nicht berühren, nicht festhalten. In diesem einzigartigen Moment den wiedergefundenen Freund freizugeben, wird sie schmerzlich bewegen. Im Augenblick höchsten Glücks müssen wir loslassen. Diese Grunderfahrung des Loslassens gilt auch für den Glauben: Auf Erden ist es uns nicht vergönnt, den Auferstandenen zu ergreifen oder die Auferstehung zu besitzen. Der Himmel wird uns als Ahnung eröffnet, welche uns erfüllt und begeistert. Diese Ahnung kann zur Gewissheit werden, aber nicht zum Wissen. Wir besitzen nichts, aber die Gewissheit des Glaubens wird unsere Sehnsucht danach stärken, im Himmel vollendet zu werden. Der Glaube weckt in uns die Freude darauf, nach dem Tod neu und in himmlischer Fülle zu leben.

Der Auferstandene – das sagt er zu Maria – wird zum Vater gehen. Er wird dann nicht mehr als österliche »Erscheinung« präsent sein, aber das *Zeugnis* der Jüngerinnen und Jünger bleibt. Nach mehreren Evangelien bezeugen zuerst Frauen das leere Grab. Jesus schickt Maria von Magdala zu seinen »Brüdern« – er nennt sie jetzt nicht mehr »Jünger« – und macht Maria so zur Apostelin der Apostel. Das ist für jene Zeit sehr ungewöhnlich, gilt doch vor Gericht das Zeugnis einer Frau damals nichts. Die Evangelien werten hier die Frau auf; sie erlangt in der Christengemeinde eine neue Stellung, denn in Christus sind alle Menschen gleich und eins. Alle sind Christus und einander wie Schwestern und Brüder. Alle bezeugen den Glauben füreinander und für die Welt.

Fragen und Hinweise

Jesus pflegt eine intensive Freundschaft mit einer Frau. Die Beziehung zwischen beiden erscheint vertraut und zärtlich, aber dennoch keusch. Sie »erkennen« einander, aber berühren sich nicht. Ich kann mich – unabhängig davon, ob ich allein lebe oder in einer Partnerschaft oder Ehe – fragen, wie ich meine Beziehungen zum anderen Geschlecht gestalte:

Kann ich Intimität zulassen? Kann ich darin keusch bleiben, das heißt den anderen lieben und dennoch freilassen, ihn zuinnerst annehmen, aber nicht festhalten oder exklusiv besitzen wollen? Keuschheit können wir als diese vielleicht paradoxe Haltung der freilassenden Intimität verstehen; sie ist eine christliche Grundhaltung, auch in der Ehe.

Kann ich wie Maria weinen? Bei wirklichen Verlusten sind Tränen nicht nur menschlich und verständlich; sie sind notwendig, um den verlorenen Menschen wirklich freizugeben. Wer weinen kann, kann trauern: Der Schmerz löst sich, der Verlust wird »verarbeitet«. Oft sind wir zu verschlossen, um trauern zu können. Wir versuchen den Schmerz irgendwie wegzudrängen, was ihn aber nicht löst. Und wegen der Angst vor neuen Verlusten klammern wir uns an die geliebten Menschen. Weil Maria weinen kann, schafft sie es, den wiedergefundenen Freund freizugeben. In dieser Meditation bemühe ich mich, um verlorene Menschen trauern zu können. Ich gebe sie frei, lasse den Schmerz zu. Ich bitte um die Gabe der Tränen.

Klammere ich mich an Menschen? An meinen Partner oder meine Partnerin, an meinen Sohn oder meine Tochter, an Vater oder Mutter, an eine geistliche Freundin oder Mutter, an einen geistlichen Freund oder Vater? In unserer modernen, kalt-anonymen Welt haben wir Angst vor Verlusten und Einsamkeit. In Beziehungen müssen wir – je nach Art der Beziehung – Nähe und Distanz ausbalancieren. Junge Menschen müssen sich vom Elternhaus lösen, ältere ihre Kinder freigeben. Ohne die gesunde Fähigkeit zum Loslassen und zur Einsamkeit werden wir nicht zufrieden leben können. Ich bemühe mich um diese Fähigkeit und erbitte sie.

Von geliebten Menschen kann ich die Namen meditieren: Vielleicht sollte ich sie groß auf ein Blatt schreiben und laut aussprechen. Sie haben eine Bedeutung und geben mir Anteil an der Person. Ich bemühe mich, diese Menschen mit mehr Aufmerksamkeit wahrzunehmen. Ich möchte mich ihnen mit Liebe und Hingabe zuwenden. Ich bemühe mich um die Fähigkeit der freilassenden Intimität. Ich bete für mir nahestehende Menschen.

Ich lasse mich durch eine plötzliche Begegnung überraschen. Bin ich offen für ganz überraschende Erkenntnisse? Kann ich mich beglücken lassen? Oder bin ich so verschlossen, missmutig und pessimistisch, dass ich mit freudigen Überraschungen gar nicht mehr rechne und sie folglich nicht möglich sind? Auch in Glaubensdingen sind überraschende Einsichten möglich. Ich bitte um Offenheit für das Plötzliche und Überwältigende.

Maria lässt sich von der Freude über den Auferstandenen beglücken. Wenn sich in mir nur keimhaft Freude zeigt, lasse ich sie wachsen und reifen. Ich bitte darum, an Marias Freude teilhaben zu können. Ich lasse mich durch nichts in der Welt entmutigen, sondern gebe der Freude Raum. Ich schaue meinen Auferstehungsglauben an. Wenn er von Zweifeln getrübt ist, halte ich diese Gott hin und bitte um Klarheit. Diese kommt nicht zuerst durch Nachdenken, sondern dadurch, dass ich in die Beziehung hinein springe. Ich vertraue auf die Glaubwürdigkeit der Glaubenszeugen. Ich öffne mich für Gott und bitte um einen freudigen Osterglauben.

Weitere Schriftstellen

Lukas 24,13–35	Auf dem Weg nach Emmaus begegnen zwei Jünger dem Auferstandenen
Philipper 4,4–9	»Freut euch …«

Er konnte nicht glauben
Johannes 20, 24–29

24 Thomas, genannt Didymus (Zwilling), einer der Zwölf, war nicht bei
ihnen, als Jesus kam. 25 Die anderen Jünger sagten zu ihm: Wir haben
den Herrn gesehen. Er entgegnete ihnen: Wenn ich nicht die Male der
Nägel an seinen Händen sehe und wenn ich meinen Finger nicht in die
Male der Nägel und meine Hand nicht in seine Seite lege, glaube ich
nicht. 26 Acht Tage darauf waren seine Jünger wieder versammelt und
Thomas war dabei. Die Türen waren verschlossen. Da kam Jesus, trat in
ihre Mitte und sagte: Friede sei mit euch! 27 Dann sagte er zu Thomas:
Streck deinen Finger aus – hier sind meine Hände! Streck deine Hand
aus und leg sie in meine Seite und sei nicht ungläubig, sondern gläu-
big! 28 Thomas antwortete ihm: Mein Herr und mein Gott! 29 Jesus
sagte zu ihm: Weil du mich gesehen hast, glaubst du. Selig sind, die
nicht sehen und doch glauben.

Hinführung

Über den Apostel Thomas ist nicht viel bekannt. Das aramäische »Thomas« bedeutet, wie auch das griechische »Didymus«, nichts anderes als Zwilling. Als handelnde, aktive Person erscheint Thomas in den Evangelien nur hier. Bei der Offenbarung Jesu am See Gennesaret (Joh 21,2) ist Thomas ebenfalls anwesend. In der christlichen Tradition erscheint der »ungläubige Thomas« als klassischer Zweifler, der aus einer intellektuellen Suche heraus Glaubensdinge hinterfragt und nach rationalen, nachprüfbaren Beweisen verlangt. Er ist gleichsam der Naturwissenschaftler, der sein empirisch geprägtes Weltbild mit dem Glauben – insbesondere mit seinem Kern, dem Auferstehungsglauben – zusammenbringen will.

Daran zu glauben, dass der als Verbrecher hingerichtete Jesus von Nazaret *auferstanden* und den Jüngern erschienen sein soll, ist in der Tat eine Zumutung – bis heute fordert uns dieser Osterglauben, wenn wir ihn ernst nehmen, gewaltig heraus! Thomas war nicht dabei, als der

Auferstandene den Jüngern, wie diese behaupten, »erschien«. Bevor er Jesus nicht mit den *Sinnen* wahrgenommen hat, möchte oder kann er nicht glauben: Sehen will er ihn und berühren!

Acht Tage später liefert Jesus den Beweis: Thomas *darf* ihn sehen und berühren; ob er seine Hand tatsächlich in Jesu Wunden legt, wird nicht berichtet. Mit dem Ausruf »mein Herr und mein Gott« bekennt er seinen Osterglauben. »Herr« wurde Jesus schon vor Ostern genannt; die Anrede »Gott« taucht hier erstmalig auf: Im Auferstandenen zeigt sich für Thomas Gott selbst. Seine Suche nach Gott findet hier ihre Erfüllung. Gott zu erkennen, ist für ihn persönlich und subjektiv: »*mein* Herr und *mein* Gott«. Auch Thomas wird Gott nun nicht als gesichertes Wissen, als Teil eines Systems *haben*. Durch persönliches und selbst verantwortetes *Bekennen* ruft er im Auferstandenen Gott an – weil er ihn »gesehen« hat.

Allerdings relativiert Jesus diese Weise, zum Glauben zu kommen: »Selig sind, die nicht sehen und doch glauben.« Auch leiser Tadel spricht aus diesen Worten. Bedeutet dies, dass der Glaube doch nicht beweisbar ist, dass wir *blind* glauben müssen, ohne rationale Gründe, ohne empirische Basis, gegen die wissenschaftliche Vernunft? Sind Glauben und Wissen eben doch unvereinbar? Müssen wir die Sinne und den Kopf ausschalten, unser Denken und Verstehen abtrennen von einem Glauben, der dann irrational, widervernünftig bleibt? Kann eine solche Glaubensforderung für den modernen Menschen akzeptabel und für die Welt irgendwie nützlich sein?

Zunächst ist zu antworten, dass die Bibel den modernen Wissenschaftsbegriff, der von Rationalität und Empirie geprägt ist, nicht kennt. In diesen Kategorien ist der Glaube in der Tat nicht beweisbar. Der Bibel geht es um etwas anderes, um die innere Glaubensgewissheit, die zu einer anders gearteten Beständigkeit und Sicherheit führt. Wichtig dafür ist, *wie* Thomas zum Glauben kommen soll: durch Berühren der Seitenwunde. Körperliche Berührungen haben etwas mit persönlicher *Beziehung* zu tun. In ihnen drückt sich Vertrauen und Nähe aus. Offensichtlich muss man in Beziehung treten, um an einen Menschen zu *glauben*. Dass Thomas gerade die Seitenwunde berühren möchte, deutet darauf hin, dass das *Leiden* Jesu zum Schlüssel dieser Beziehung und damit des

Glaubens wird! Weil Jesus für Thomas gelitten hat und Thomas diese Liebestat von Jesus annimmt, kann eine vertrauensvolle Beziehung wachsen. Offensichtlich muss wahre Liebe bereit sein, für den anderen zu leiden. Wer eine solche Liebe erkennt und annimmt, *glaubt* an den anderen.

Solcher Glaube ist etwas anderes als empirisch bewiesenes Faktenwissen. Im Glauben geht es um das Ganze unseres Daseins. Der Glaube wird zu einer Säule unserer Existenz, weil wir vertrauend darauf bauen, dass wir vom auferstandenen Herrn durch alles Leiden, durch Angst und Schmerz und Tod hindurch getragen werden. Das ist mehr ein Glaube des Herzens als des Verstands, mehr ein personaler Akt als ein Festhalten von Glaubens-Inhalten. Der Glaube ist nicht widervernünftig, sondern er hat eine andere, in gewisser Weise tiefere Vernünftigkeit als das empirische Wissen. Die Theologie wird dieser Vernünftigkeit nach-denken, sie also nachträglich erheben; herzustellen vermag sie sie nicht. Auf diese Weise wird das Denken in den Glaubensakt integriert. Es begründet ihn nicht, aber es stützt ihn.

In diesem Glauben, der auf »Sehen« verzichten kann, liegt umfassendere Wahrheit und größere Seligkeit als in jedem Wissen von Tatsachen. Eigentlich ist der einzige Glaubens*inhalt* Jesus Christus, dem wir *vertrauen*. Thomas begreift dies in der Begegnung mit dem Auferstandenen schlagartig, so dass er – nehmen wir an – die leibliche Berührung, die er eben noch als einzig denkbaren Beweis suchte, vergisst.

Glaube ist also vertrauende Beziehung zu einem Du. Wenn zwei Personen sich wahrhaft begegnen, kann Vertrauen wachsen. Thomas lässt sich in der direkten Begegnung mit dem Auferstandenen belehren, wie Glaube »geht«. Seither lädt seine Geschichte Christen ein, sich auf die Begegnung mit Jesus Christus einzulassen. Indem wir – ohne zu »sehen«, also gewissermaßen im Geiste – seine Wunde »berühren«, nehmen wir auf, was er für uns gelitten hat, und setzen auf ihn unser Vertrauen. Dass er uns durch Leiden die Chance eröffnet hat, von allem Bösen und vom Tod frei zu werden, ist der Grund unserer Hoffnung und Freude.

Fragen und Hinweise

Der Osterglaube widerspricht zunächst aller Wahrscheinlichkeit und Rationalität. Ich kann mich fragen, ob ich die Zumutung dieses Glaubens sehe und ernst nehme. Lasse ich meine Zweifel, die vielleicht sehr tief in meiner Seele vergraben sind, vor mir selbst und vor Gott zu? Kann ich zugeben, dass ich keine letztgültigen Antworten auf die Fragen nach dem Leiden, nach dem Tod, nach Gott erhalten oder gar geben kann? Bin ich wie Thomas ein Gottsucher – oder mache ich es mir in der Glaubensfrage leicht und schiebe unangenehme Themen einfach beiseite?

Als Christ, als Christin kann ich fragen: Glaube ich wirklich an Jesu Auferstehung – und ebenso an die meine? Lasse ich mich so auf die Beziehung zu Christus ein, dass ich ihm mein ganzes Leben anvertraue, an ihn glaube? Mache ich ihn zum tragenden Grund meines Lebens? Oder suche ich Götzen, an die ich mich klammere, um Halt zu finden? Kann ich – auch ohne das, was mein modern geschultes Denken als Beweis sucht – so an den Sieg Christi über Leiden und Tod glauben, dass ich gelassen, freudig und dankbar mein Leben annehme? Bete ich darum, gläubiger zu werden? Und weiter: Bezeuge ich meinen Glauben? Stehe ich so zu ihm, dass ich andere anstecke und sie an meiner Freude teilhaben?

Ich bitte darum, in den Osterglauben hinein zu wachsen und so von ihm erfüllt zu werden, dass kein Zweifel meine Begeisterung mehr bremsen kann. Ich bitte darum, ein österlicher Mensch zu werden und mein Leben lang in der Osterfreude verweilen zu dürfen. Ich danke dem Herrn und lobe ihn für das Große, das er an mir getan hat, indem er mich glauben lässt. Ich bitte ihn, dass er uns in einer Welt leben lässt, in der zu glauben leicht möglich ist, und dass er viele Menschen zum Glauben führt. Ich lege mein Leben vertrauensvoll in die Wundmale des Auferstandenen.

Weitere Schriftstellen

Lukas 24,36–42	Der Auferstandene zeigt sich den Jüngern
1 Petrus 1,3–12	Das Ziel des Glaubens

Gemeinde
Apostelgeschichte 2,42–47

42 Sie hielten an der Lehre der Apostel fest und an der Gemeinschaft,
am Brechen des Brotes und an den Gebeten. 43 Alle wurden von Furcht
ergriffen; denn durch die Apostel geschahen viele Wunder und Zei-
chen. 44 Und alle, die gläubig geworden waren, bildeten eine Gemein-
schaft und hatten alles gemeinsam. 45 Sie verkauften Hab und Gut und
gaben davon allen, jedem so viel, wie er nötig hatte. 46 Tag für Tag ver-
harrten sie einmütig im Tempel, brachen in ihren Häusern das Brot und
hielten miteinander Mahl in Freude und Einfalt des Herzens. 47 Sie lob-
ten Gott und waren beim ganzen Volk beliebt. Und der Herr fügte täg-
lich ihrer Gemeinschaft die hinzu, die gerettet werden sollten.

Hinführung

Bald nach Ostern kommt in Jerusalem eine Gruppe von Anhängern Jesu zusammen. Alle glauben, dass Jesus nach seiner Ermordung zu neuem Leben »auferstand« und den Jüngerinnen und Jüngern mehrfach »erschien«. Die Gruppe besteht aus früheren Anhängern Jesu, aber auch – ständig zunehmend – aus neuen Mitgliedern, die aufgrund des Zeugnisses der ersten Christen zum Glauben kommen. In diesem Abschnitt wird zusammenfassend berichtet, wie diese später so genannte Urgemeinde glaubt und lebt. Der Bericht ist knapp und beschreibt vor allem ein Ideal. Er soll spätere Gemeinden anspornen, ebenso zu glauben und zu leben. Davor wird berichtet, wie die Apostel an Pfingsten Tausende Menschen für ihre neue Lehre begeistern, wie sie in allen Sprachen predigen und dass sich dreitausend Menschen der Gemeinschaft anschließen (Apg 2,1–41). Wir nehmen V. 42 zu dem sonst meist erst ab V. 43 abgegrenzten Textabschnitt hinzu.

Die ersten »Christen« – noch nennen sie sich nicht so – sind und bleiben gläubige Juden, die ihre religiöse Praxis weiterführen: Sie verrichten ihre täglichen Gebete und »verharren« im Tempel. Sie »loben Gott«, was wohl bedeutet, dass sie regelmäßig Psalmen singen. Allerdings ergänzen sie ihre jüdische Glaubenspraxis durch einen neuen, von nun an regelmäßig vollzogenen Ritus: Sie gedenken, indem sie »in ihren Häusern Brot brechen«, des Todes und der Auferstehung Jesu getreu dem Auftrag, den er beim Abschiedsmahl erteilte. Hier deutet sich an, dass die junge Christengemeinde bald eine Entwicklung nehmen wird, die sie vom traditionellen Judentum wegführt. Das Festhalten an der »Lehre der Apostel« bedeutet vermutlich, dass die Anhänger des neuen Glaubens mit der Taufe bestimmte bleibende Verpflichtungen übernehmen. Ausdrücklich wird betont, dass sie »Gemeinschaft« leben.

Die Apostel wirken »Wunder und Zeichen«. Auch wer Wunderberichten gegenüber skeptisch ist, muss wahrnehmen, dass der neue Glaube die Menschen verändert und sie zu außergewöhnlichem Tun befähigt. Offensichtlich und für alle unerwartet geschieht in der Gemeinde so viel Gutes, dass die Menschen staunend zur Einsicht gelangen, dieses Gute könne nur von Gott gewirkt sein. Sie empfinden »Furcht« deswegen: heilige Scheu und tiefen Respekt.

Die Gemeinschaft teilt ihre Güter. Dieses berühmteste Merkmal der Urgemeinde sagt, dass die reichen Mitglieder der Gemeinde ihre Häuser und Grundstücke aufgeben (vgl. Apg 4,34) und die armen davon profitieren; vermutlich bedeutet er nicht, dass man vollständige Gütergemeinschaft lebt und allen Besitz gemeinsam verwaltet. Doch schon dieses einfache Teilen provoziert die Zeitgenossen und ebenso alle späteren Generationen: Was im biblischen Bericht idyllisch und vielleicht naiv klingt, ist die Umwertung zentraler menschlicher Werte. Der Reiche wird so von der Glaubensfreude erfüllt, dass ihm sein materieller Besitz unwichtig wird und er ihn mit Armen teilt. Der Arme kann nun menschenwürdig leben – was Gott nach biblischem Zeugnis gefallen wird! Die ersten Christen wissen, dass irdischer Besitz vergehen muss. In ihrer Freude über das neue Leben und die künftige Herrlichkeit im Himmel teilen sie Hab und Gut, so dass das irdische Leben für alle erträglich und vielleicht sogar ein wenig zum Vorschein des himmlischen Lebens wird. Was die Apostelgeschichte hier berichtet, soll alle Gemeinden zum Teilen auffordern. Für Christen aller Jahrhunderte wird es zum Stachel im Fleisch ihrer materiellen Begierden, und es hinterfragt beständig die

Gesellschaften, die ihre Güter ungerecht verteilen und sich dennoch christlich nennen.

Die Urgemeinde wird für viele Menschen auf unerwartete Weise *attraktiv*: Was die Christen *erfahren* und wie sie *leben*, überzeugt so sehr, dass Tausende sich angezogen fühlen und der Gemeinschaft beitreten. Die Apostel predigen wortgewaltig und vielsprachig. Indem ihre Predigt das erstaunliche Geschehen erzählt und erklärt, verstärkt sie das Lebenszeugnis der Christen. Offensichtlich ist diese neue Gemeinde von manchem Bösen befreit: von Habsucht und Egoismus, von Angst und Sinnleere, von Armut und Einsamkeit. Deswegen erscheinen die Christen als die schon »Geretteten«. Und die der Gemeinschaft beitreten, erfahren sich als diejenigen, die Gott in die Gemeinschaft hinein führte, damit sie »gerettet werden sollten«.

Fragen und Hinweise

Wie steht es in meiner Gemeinschaft – sei es Gebetskreis, Pfarrgemeinde, Verband, Familie, Gruppe – um die Gebetspraxis? Leben wir aus der Freude des Glaubens? Nehmen wir »Zeichen und Wunder« wahr? Empfinden wir »Furcht« angesichts des großartigen Wirkens Gottes? Sind Gebet und Abendmahl/Eucharistie trockene und entleerte Rituale – oder lebendiges und freudiges Gedenken an den auferstandenen Herrn?

Teilen wir unsere Güter, so dass ein Ausgleich zwischen Arm und Reich entsteht? Das in der Apostelgeschichte beschriebene Ideal der Gemeinde war wohl nie ganz verwirklicht, auch nicht am Anfang. Dennoch sollten wir uns fragen, ob wir die *Spannung* zwischen Ideal und Wirklichkeit ernst nehmen und kreativ gestalten. Lasse ich das urchristliche Ideal als Stachel im Fleisch meiner alltäglichen Saturiertheit zu? Vielleicht überlege ich konkrete Schritte, wie meine Gemeinschaft – angefangen bei mir selbst – besser teilen und zu mehr Gerechtigkeit beitragen kann.

Halten wir, halte ich – wie es im Text heißt – an der Gemeinschaft fest? Das meint wohl, dass wir uns lebendig austauschen, freudig miteinander beten, Schwache wirklich unterstützen, Übeltätern verzeihen, Außenseiter integrieren, Konflikte fair austragen, Böses mit Gutem vergelten, Autoritäten achten, Gastfreundschaft üben ... Erlöster sollten sie aussehen, die Christen – das sagte Friedrich Nietzsche, ein scharfer Kritiker des Christentums. Wo in unserer Gemeinschaft gibt es Bitterkeit und Verbissenes? Wo halten wir krampfhaft an veralteten Gewohnheiten fest, auch wenn uns der Geist in eine andere Richtung führen will? Wo regiert allein Macht- und Prestigedenken? Strahlen wir etwas von der Güte und Menschenfreundlichkeit Gottes aus? – Diese Fragen kann ich mir persönlich stellen *und* meiner Gemeinschaft.

Ist meine Gemeinschaft *attraktiv*? Will sie überhaupt für Neue anziehend sein? Oder schließt sie sich selbstgenügsam ein und empfindet Neue, die *anders* sind, als Störenfriede? Halten wir unseren Stil für den allein christlichen? Was könnte uns helfen, wieder offen und interessant für Außenstehende zu werden? Bei solchen Fragen ist es leicht, auf die Kirche oder eine konkrete kirchliche Gemeinschaft mit dem Finger zu zeigen und sie anzuklagen; das ist bisweilen nötig, meist jedoch billig und nicht hilfreich. Ich prüfe, ob ich selbst in solches Klagen über die anderen verfalle. Besser wäre, mein eigenes Verhalten anzuschauen: Wo sollte ich umkehren, wo mich neu in die Gemeinschaft hineingeben, wo ein unbequemes, aber konstruktives Wort wagen? Ich bete für mich und für meine Gemeinschaft. Ich bitte darum, dass wir die Freude der Erlösung leben und ausstrahlen.

Weitere Schriftstellen

Apostelgeschichte 4,32–35	Die Urgemeinde: »ein Herz und eine Seele«
Römer 12,9–21	Vom Leben der Gemeinde

Gott suchen
Psalm 63,2–9

2 Gott, du mein Gott, dich suche ich, / meine Seele dürstet nach dir.
Nach dir schmachtet mein Leib / wie dürres, lechzendes Land ohne
Wasser. 3 Darum halte ich Ausschau nach dir im Heiligtum, / um deine
Macht und Herrlichkeit zu sehen. 4 Denn deine Huld ist besser als das
Leben; / darum preisen dich meine Lippen. 5 Ich will dich rühmen mein
Leben lang, / in deinem Namen die Hände erheben. 6 Wie an Fett und
Mark wird satt meine Seele, / mit jubelnden Lippen soll mein Mund
dich preisen. 7 Ich denke an dich auf nächtlichem Lager / und sinne
über dich nach, wenn ich wache. 8 Ja, du wurdest meine Hilfe; / jubeln
kann ich im Schatten deiner Flügel. 9 Meine Seele hängt an dir, / deine
rechte Hand hält mich fest.

Hinführung

Psalm 63 gehört zu den bekannten und häufig gesprochenen Gebeten der Bibel. Er ist zugleich Sehnsuchts- und Loblied eines Beters, der einsam und verfolgt ist und sich nach Gottes Tempel sehnt, weil er sich dort Hilfe und Trost erhofft. Der Psalm stammt aus der Zeit nach dem babylonischen Exil, also nach dem 6. Jahrhundert vor Christus. Nachträglich wurde er, wie manche andere Psalmen und die Psalmensammlung als Ganze, König David zugeschrieben (V. 1), der um 1000 vor Christus gelebt hat. Dadurch bekommt der Psalm eine höhere Autorität. Der Messias-König David betet ihn stellvertretend für alle Beter nach ihm. Wer heute den Psalm betet, re-zitiert ihn, das heißt er stellt sich in die lange Reihe derer, die von Generation zu Generation so gebetet haben. Er steht in der großen Gebetstradition des Volkes Israel und der christlichen Kirchen.

Der erste Teil des Psalms (V. 2–5) beschwört die Güte Gottes. Palästina ist ein wasserarmes Land, in dem der Vergleich gottferner Existenz mit der ausgedörrten Wüste ein besonders lebensnahes Bild ist. Ohne die erspürte Nähe Gottes fühlt sich der Beter wie auf einem langen

Marsch durch die Wüste, ausgetrocknet, verlassen und vom Tod bedroht. Sogar sein Leib schmachtet nach Gott – als Christen beten wir mit dem Leib und sehnen uns danach, unseren Leib als »Tempel des heiligen Geistes« (1 Kor 6,19) zu spüren. Sodann erinnert sich der Beter an frühere Zeiten, als er im Tempel die Nähe Gottes tröstlich erfuhr. In der Stunde der Not hält er sich an dieser Erinnerung fest. Die »Huld« Gottes – ein Grundwort des Alten Testaments – besteht darin, dass Gott sich liebevoll und bedingungslos vor allem den Bedrängten und Geängstigten zuwendet. Schließlich wird die Erwartung des Beters zur Gewissheit, welche in einen Lobpreis geradezu umschlagen muss. Am Ende mündet der Lobgesang in das Versprechen, Gott ein Leben lang zu preisen und dadurch Zeugnis für ihn abzulegen.

Im zweiten Teil des Psalms (V. 6–9) beschreibt der Beter, wie er in seinem Suchen Gottes Nähe tatsächlich erfahren hat. »Fett und Mark« waren in armen Epochen, als die Menschen häufig von Hungersnöten heimgesucht waren, der Inbegriff von Fülle, Wohlstand und göttlichem Segen. Im nächtlichen Gebet richtet sich der Beter nicht so sehr notvoll und flehend an Gott, sondern er dankt freudig für die erwiesenen Wohltaten. Anschließend rühmt er – wiederum rückblickend – Gott dafür, dass er sein Flehen erhört hat. Wie die Küken unter den Flügeln des Muttervogels kann er nun in seinem Herzen über Gottes Schutz jubeln. Im abschließenden Vers drückt der Beter nochmals sein inniges Gottesverhältnis aus, das sein Leben durch und durch prägt: Seine Seele »hängt« an Gott – das weist darauf hin, dass er von Gott vollkommen abhängt und ihm zugleich vertrauensvoll anhängt; in Gen 2,25 wird mit demselben Wort »anhängen« die Lebensgemeinschaft zwischen Frau und Mann bezeichnet. Die rechte, also starke Hand Gottes gibt ihm Halt und Schutz in allen Widerfahrnissen und Wüsten des Lebens. In der Bildwelt des Alten Orients wird gewöhnlich nur der Pharao oder König als derjenige dargestellt, dessen Hand Gott mit seiner Rechten führt. In Jes 42,6 erwählt mit dieser Geste Gott seinen Gottesknecht. Wer diesen Psalm Davids rezitiert, vertraut damit für sich auf diese ganz besondere, eigentlich König David vorbehaltene Form göttlicher Zuwendung und Hilfe.

Psalm 63 spricht ein in gewisser Weise paradoxes Moment unserer Glaubensexistenz aus: *Einerseits* wird im irdischen Leben immer ein

Mangel und eine Unerfülltheit bleiben. Immer bleiben wir Gottsucher, die wie Wüstenwanderer nach Quellen des Lebens und des Geistes dürsten. Wir leben noch nicht im Tempel, dem Ort ständiger und gesicherter Gegenwart Gottes, sondern in einer wüsten Welt, die nur Ort einer Pilgerschaft sein kann: Mühselig wandern wir zur ewigen Erfüllung und Gegenwart Gottes im »Tempel«, der letztlich den ersehnten Himmel bezeichnet. *Andererseits* erfahren wir schon in diesem Leben mit großer Deutlichkeit und Kraft Gottes »Huld«, seine Nähe und Hilfe. Diese Erfahrung – so sehr sie im Alltag ungesichert und unbeständig bleibt – kann uns auf dem Weg des Glaubens zur Gewissheit werden, die uns in Freude, Dank und Lob ausbrechen lässt. Wer sich auf diese Weise des gütigen Gottes und seiner Rettermacht *gewiss* geworden ist, wird die Mühsale des täglichen Lebens leichter annehmen; und er wird sich fester und mutiger für eine gerechte und liebevolle Welt engagieren.

Fragen und Hinweise

Meinem Durst nach Gott spüre ich nach. Schon durch viele Betrachtungen begleitet mich die Erfahrung der Sehnsucht nach Gott. Ich betrachte meinen geistlichen Weg als Pilgerschaft durch die Wüste. Ich gebe meiner Hoffnung nach dem göttlichen Tempel Ausdruck. Liebevoll betrachte ich meinen Leib, der nach Gott »schmachtet wie dürres, lechzendes Land ohne Wasser«. Er will zum Tempel des Heiligen Geistes werden. Ich bete darum, in meinem Leib die erfrischende und belebende Gegenwart Gottes zu spüren. Ich bleibe mein Leben lang Gottsuchender, Gottsuchende.

Meiner Freude über die *Huld* Gottes gebe ich Raum. Ich danke Gott für »Fett und Mark«, das meinen Leib und meine Seele gesättigt hat und weiter sättigt. Wenn ich nachts wache, freue ich mich über Gott. Ich erkenne die Hilfe Gottes an und juble über ihn, der mich wie die Flügel eines großen Vogels schützt. Ich betrachte, wie meine Seele an Gott hängt, so wie Frau und Mann einander in Liebe anhängen. Ich freue mich darüber, von Gott mit der Rechten gehalten zu werden – wie wenn ich König David wäre! All meine Freude drücke ich in Lob und Dank aus.

Ich suche eigene Worte oder Bilder dafür; vielleicht schreibe ich meinen eigenen Lobpsalm.

Als Grund meiner Freude sehe ich wieder die Auferstehung Jesu. Was der alttestamentliche Beter noch nicht wissen kann, zeigt sich den Jüngerinnen und Jüngern: Durch Jesu Leben und Sterben und seine Auferstehung ist alles Leid, alle Not und der Tod besiegt. Dass ich daran – wenigstens anfanghaft – glauben darf, ist nochmals Geschenk Gottes. Mit Tausenden Christen darf ich in unsagbare Freude ausbrechen und danken und jubeln. Die Spannung, dass das Heil bisher nur anfanghaft und gebrochen erfahrbar ist, nehme ich vertrauensvoll an, denn eine Gewissheit trägt mich, die tiefer als aller Zweifel reicht. Ich danke Gott für die *Huld* der Auferstehung.

In der spirituellen Tradition – wiederum insbesondere nach Ignatius von Loyola – heißt diese Erfahrung geistlicher *Trost*. Auf dem Glaubensweg erlebt man immer wieder Zeiten des Trostes, vor allem dann, wenn man dunkle Zeiten ernsthaft durchlitten hat. Nach Ignatius ist Trost, wenn die Seele »in Liebe zu Gott entbrennt«. Trost ist auch, Tränen vergießen zu können, sei es aus Freude, sei es über ein Leid – denn Tränen lösen das Leid und heilen den Schmerz. Trost ist »alle Zunahme an Hoffnung, Glaube und Liebe und alle innere Freudigkeit ...«; diese von Ignatius nach Paulus (1 Kor 13,13; Phil 4,4) gewählte Formulierung drückt Beziehung aus, auch Sehnsucht und Bleiben in Gott. Und schließlich: Was eine getröstete Seele zuinnerst erfüllt, ist »Ruhe und Friede in Gott«.

Auch ein Dasein in *österlicher* Erfülltheit ist trostvoll: Das Leiden und der Tod sind darin nicht ausgeblendet, sondern integriert. Wir *wissen im Herzen*, dass Leid und Tod durch neues Leben überwunden sind. Und wir erfahren trotz des Leids und im bleibenden Leid den Himmel – zumindest als Vorahnung, die uns erfüllt und Frieden schenkt. Aus dieser Erfahrung heraus engagieren wir uns für die Menschen und für Gott. Noch ist der Himmel verschleiert, dem Glaubenden jedoch steht er offen. Denn der österliche Mensch lebt in »Ruhe und Friede in Gott« und in unaussprechlicher Freude.

Weitere Schriftstellen

2 Korinther 1,3–7	Über den Trost
Apostelgeschichte 21,1–22,5	Das himmlische Jerusalem

Schluss: Grösser als unser Herz

Mit ausgewählten Texten der Bibel führte dieses Buch auf einen spirituellen Weg. Nun wird es gut sein, sich noch etwas Zeit für eine Rückschau zu nehmen und die Früchte des Lesens und Meditierens zu ernten. Die wichtigsten Erfahrungen und die neu gewonnenen Erkenntnisse des vielleicht schwierigen Weges können aus dem Abstand heraus mit dem inneren Auge klarer wahrgenommen werden. Auch bei diesem Rückblick werden wir betend vor Gott treten: Für wichtige Einsichten und für die Erfahrung seiner Nähe werden wir ihm danken. Schmerzhaftes halten wir ihm hin, mit Klage und Bitte, aber auch mit Dank, wenn wir weitergeführt wurden. Wo wir unsicher oder uneins blieben, formulieren wir nochmals unsere Frage und unseren Zweifel. Wenn wir Gott finden konnten, werden wir die Beziehung zu ihm im Alltag zu bewahren und zu vertiefen suchen.

Der Weg der Exerzitien schlug einen Bogen durch die grundlegenden Glaubensthemen und durch die Heilsgeschichte: In den ersten beiden Kapiteln schauten wir in den Perspektiven der Schöpfung (»Fundament«) und der Erlösung (»erste Woche«) auf das vergangene Leben. Im dritten Kapitel richtete sich der Blick auf das gegenwärtige Leben: Unter dem Stichwort der Sendung (»zweite Woche«) ging es darum, anstehende Entscheidungen anzugehen und das alltägliche Handeln zu erneuern. Im vierten und fünften Kapitel schauten wir auf das künftige Leben, mit Blick auf das Leiden (»dritte Woche«) und auf das erneuerte Dasein (»vierte Woche«). Das dritte Kapitel war Mitte und Wendepunkt des Weges.

Im vierten Kapitel erschien das Lebensdunkel des zweiten Kapitels neu, nämlich von der rückschauenden auf die vorausblickende Perspektive gewendet: Alles Dunkel dieser Zeit wird von Gott hell gemacht! Das göttliche Licht des ersten Kapitels schien im dritten und im fünften wieder auf, ebenfalls in der Perspektive gewendet: Bisher gründete und begleitete uns Gottes Licht, gegenwärtig erleuchtet es unser Leben, zukünftig werden wir von ihm erfüllt. Alle Zeit erstrahlt im Licht Gottes!

Entscheidend ist jedoch nicht, dass der Bogen am Ende spirituell und theologisch schön gerundet ist, sondern dass die Erfahrungen des Weges persönlich herausfordern und jede Christin und jeder Christ den eigenen Zugang zu Gott finden. Im konkreten und immer einzigartigen Leben gilt es, ehrlich und radikal die Spuren Gottes zu suchen und zu finden, durch Bruch und Heilung, Verletzung und Versöhnung, Trostlosigkeit und Trost, Tod und Auferstehung hindurch.

Der erste Johannesbrief schreibt: »Wenn unser Herz uns auch verurteilt – Gott ist größer als unser Herz« (1 Joh 3,20). Oft ist unser Herz eng und verzagt, und es müsste uns, nach menschlichen Maßstäben, in vieler Hinsicht verurteilen. Um weit und heil und frei zu werden, braucht das Herz jemanden, der größer ist als es selbst. In vielfältigen Anläufen suchen wir denjenigen, der allein dazu fähig ist. In der Heiligen Schrift entdecken wir diesen Gott, der Person ist, ein liebendes Du, unendlich größer als unser Herz ...

Was ersehnen wir, wenn wir unseren großen Gott suchen? Wir wollen Gott erfahren: dass seine Größe unser enges Herz weite; dass er uns vergebe und heile, tröste und erfreue; dass er uns Sinn und Hoffnung schenke. Und wir wollen uns ihm hingeben: dass wir mehr glauben und lieben lernen; dass wir alles aus seiner Hand empfangen und alles ihm zurückgeben; dass die Menschen eins und frei werden; dass überall Friede und Gerechtigkeit wachsen; dass unser Leben Gott ehre. Gott segne uns dazu.

Erika Lorenz

Weg in die Weite

Die drei Leben der Teresa von Ávila

160 Seiten, gebunden mit Schutzumschlag

ISBN 3-451-28021-3

Teresa von Ávila (1515–1582) zählt zu den großartigsten Frauen der Kirchen- und auch der Literaturgeschichte. Die Sprachmacht, mit der sie inneres Erleben zum Ausdruck bringt, zeigt ein Jahrtausendtalent. Das Wort »Erfahrung« durchzieht ihre Schriften wie ein roter Faden – das macht Teresa zu einem Menschen der Neuzeit. Keine Säulenheilige ist sie, sondern eine dynamische Persönlichkeit, die sich ein Leben lang erst allmählich zu sich selbst entfaltet. Drei Phasen der inneren Wandlung lassen sich unterscheiden: von visionärer Versenkung über tatkräftiges, weltzugewandtes Handeln bis hin zur Weite eines Erkennens und Verstehens, das bis heute Strahlkraft und Wirkung zeigt. Pointiert und engagiert zeichnet Erika Lorenz dieses neue, spannende Bild einer Teresa, die ihren persönlichen Weg in die Weite erst suchen musste. In zahlreichen Textzeugnissen kommt die große christliche Mystikerin und selbstbewusste Ordensreformerin selbst zu Wort.